아름다운 궁궐 이야기

《아름다운 궁궐 이야기》는
초등학교 교과서의 이런 단원과 관련이 깊어요.

4학년 1학기 국어
5. 알아보고 떠나요 〈서울의 궁궐〉

4학년 미술
12. 전통 미술과 친해지자

5학년 1학기 사회
3. 유교 전통이 자리 잡은 조선
 조선의 건국과 한양
 조선의 문화와 과학의 발달
 유교 전통과 신분 질서
 조선 시대 사람들의 생활
 임진왜란과 병자호란

6학년 미술
8. 전통 미술

오십 빛깔 우리 것 우리 얘기 ㉜

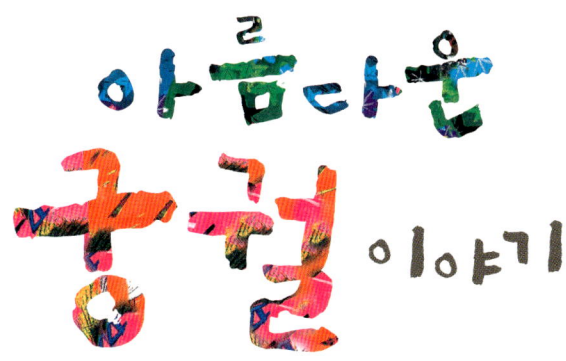

아름다운 궁궐 이야기

우리누리 글 • 김형연 그림

주니어중앙

추천의 말

어린이가 꿈을 키우는 터전

꿈 많은 어린 시절엔 장대한 역사와 위대한 문화유산에 관한
책을 읽는 것이 좋다.
거기에는 어린이가 꿈을 키우는 터전이 있기 때문이다.
감수성 예민한 어린 시절엔 흥미로운 그림을 통하여
재미있게 이야기를 풀어간 책이 좋다.
그것은 시각적 인식을 통해 어린이의 상상력을 자극하기 때문이다.
『오십 빛깔 우리 것 우리 얘기』는 이런 필요조건을 갖춘
고급 어린이 교양도서라 할 만한 것이다.

유홍준
(전 문화재청장, 현 명지대 교수,
『나의 문화유산 답사기』 저자)

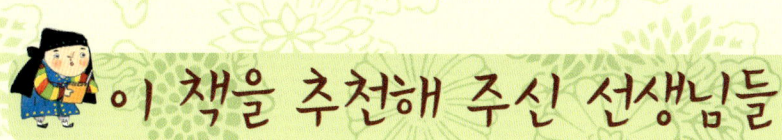 이 책을 추천해 주신 선생님들

● 전래놀이, 풍속과 관련된 수업에 활용하고 있습니다. 옛 풍속과 관련해서 요즘에는 잘 사용하지 않는 용어들이 있어서 아이들이 어려워하는데, 이 책에는 사진 자료와 함께 쉽고 정확하게 설명이 되어 있어 아이들이 이해하기 쉽게 되어 있습니다.
― 손영수 선생님(가사초등학교)

● 아이들이 우리의 전통문화를 쉽게 접할 수 있도록 도움을 주는 소중한 자료입니다. 우리 학교의 독서 퀴즈 대회에서 매년 사용하는 책이랍니다.
― 성주영 선생님(도당초등학교)

● 우리의 옛 풍습과 문화, 관혼상제 등에 대해 자세히 설명되어 있어 수업을 하기 전에 미리 읽어 오라고 하는 도서입니다.
― 전은경 선생님(용산초등학교)

● 우리의 문화와 역사를 초등학생들이 이해하기 쉽도록 재미있는 옛이야기로 풀어낸 점이 가장 마음에 듭니다. 초등 교과와 연계된 부분이 많아 학교 수업에 많이 활용하는 도서입니다.
― 한유자 선생님(삼일초등학교)

김임숙 선생님(팔달초)	조윤미 선생님(화양초)	이경혜 선생님(군포초)	염효경 선생님(지동초)
오재민 선생님(조원초)	박연희 선생님(우이초)	박혜미 선생님(대평중)	이진희 선생님(수일초)
최정희 선생님(온곡초)	정경순 선생님(시흥초)	박현숙 선생님(중흥초)	김정남 선생님(외동초)
이광란 선생님(고리울초)	김명순 선생님(오목초)	신지연 선생님(개포초)	심선희 선생님(상원초)
문수진 선생님(덕산초)	정지은 선생님(세검정초)	정선정 선생님(백봉초)	김미란 선생님(둔전초)
김미정 선생님(청덕초)	조정신 선생님(서신초)	김경아 선생님(서림초)	김란희 선생님(유덕초)
정상각 선생님(대선초)	서흥희 선생님(수일중)	윤란희 선생님(안산시근로자시민문화센터어린이도서관)	

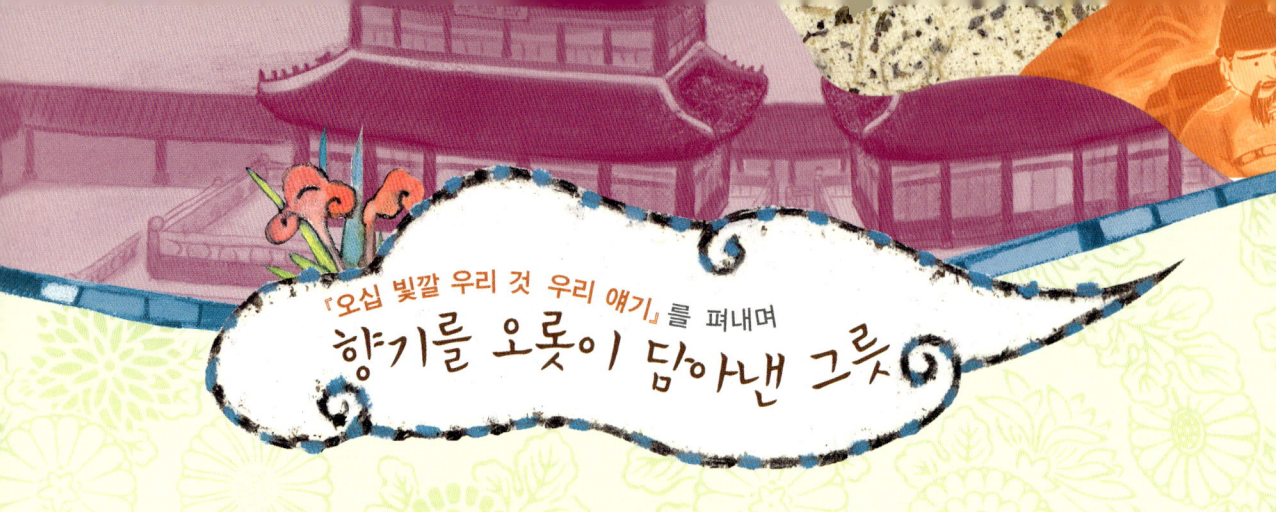

『오십 빛깔 우리 것 우리 얘기』를 펴내며
향기를 오롯이 담아낸 그릇

『오십 빛깔 우리 것 우리 얘기』 시리즈가 처음 출간된 지 어느덧 16년이 되었습니다. 그동안 수많은 어린이와 부모님, 그리고 선생님들의 사랑을 받으며 전 50권이 완간되었고, 어린이 옛이야기 분야의 고전(古典)이자 스테디셀러로 굳건히 자리매김해 왔습니다.

이 시리즈는 '소중히 지켜야 할 우리 것'에 대한 이야기를 어린이를 위해 '쉽고 재미있게' 풀어쓴 책입니다. 내용으로는 선조들의 생활과 풍습 이야기, 문화재와 발명품 이야기, 인물과 과학기술·예술작품 이야기, 팔도강산과 고유 동식물 이야기 등 우리나라 역사와 전통문화 모든 영역을 총망라하고 있습니다. 그리고 이를 50가지 주제로 엮어 저학년 어린이도 얼마든지 볼 수 있도록 맛깔나는 옛이야기로 담아냈습니다. 장대한 역사와 위대한 문화유산을 배우기에 옛이야기만큼 좋은 형식도 없기 때문입니다.

대한민국 국민으로서 알아야 하고 전해야 할 우리 것, 우리 얘기는 아주 많습니다. 그동안 이 시리즈를 통해 많은 어린이가 우리 것을 알게 되고, 우리 얘기를 사랑하게 되었을 것입니다. 시간이 흘러도 역사와 전통문화의 향기는 변하지 않기 때문입니다.

하지만 저희는 그 향기를 담아내는 그릇이 그간 색이 바래고 빛을 잃었다는 사실에 가슴이 아프고 안타까웠습니다. 그래서 책에서 전하는 우리 것의 향기를 오롯이 담아낼 수 있는 새로운 그릇을 찾고자 하였습니다. 그 그릇을 통해 향기가 더욱 그윽해지고 멀리까지 퍼져서 수백 년, 수천 년 전의 우리 것이 오늘날에도 살아 숨 쉴 수 있도록 생명력을 주고자 하였습니다.

이에 몇 가지 원칙을 가지고 『오십 빛깔 우리 것 우리 얘기』 시리즈를 새롭게 출간하게 되었습니다.

◎ 원작이 가지는 옛이야기의 맛과 멋을 그대로 살렸습니다.
◎ 요즘 독자들의 감각에 맞추어 디자인과 그림을 50권 전권 전면 개정하였습니다.
◎ 교과 학습의 길잡이가 될 수 있도록 연계 교과를 표시하였습니다.
◎ 학습정보 코너는 유익함과 재미를 함께 줄 수 있도록 4컷 만화, 생생 인터뷰, 묻고 답하기 등으로 내용을 재구성하였고, 최신 정보와 사진을 수록하였습니다.
◎ 도표, 연표, 역사신문, 체험학습 등으로 권말부록을 풍성하게 꾸며서 관련 교과 학습을 강화하였습니다.

이 책을 처음 읽었을 8살 꼬마 독자는 지금쯤 나라와 민족에 긍지를 가진 25살 자랑스러운 대한민국 청년이 되었을 것입니다. 그 청년이 부모가 되어서도 자녀에게 다시 권할 수 있는 그런 책이 되기를 바라며, 이 시리즈를 오십 빛깔 그릇에 정성껏 담아 내어놓습니다.

주니어중앙

글쓴이의 말

역사와 문화의 중심, 우리 궁궐

궁궐은 임금이 사는 집을 말해요. 궁궐에서는 왕비와 대비, 왕자와 공주 등 임금의 식구들도 함께 살았지요. 그렇다고 궁궐이 임금의 집이었던 것만은 아니에요. 임금은 이곳에 머물며 나라를 다스렸기 때문에 궁궐은 임금의 집이면서 한 나라의 최고 관청이었지요. 그래서 임금을 보좌하는 신하부터 수발을 드는 궁녀, 하인까지 수많은 사람이 궁궐에 살았어요.

5,000여 년 우리 역사 속에는 여러 나라가 있었답니다. 그리고 여러 나라의 가장 중심은 도읍지에 세워진 궁궐이었어요. 그래서 궁궐은 한 나라의 역사와 문화를 가장 잘 나타내지요. 하지만 고조선, 고구려, 신라, 백제, 발해, 고려 등의 궁궐은 온전히 남아 있지 않아요. 같은 자리에 다른 나라가 들어서기도 하고, 오랜 세월을 거치며 훼손되기도 했거든요.

다행히 서울에는 우리 역사의 마지막 왕조인 조선의 궁궐 경복궁, 창덕궁, 창경궁, 덕수궁, 경희궁이 남아 있어요. 그러나 일제 강점기를 거치며 본래 모습이 많이 사라졌어요. 일본은 우리 궁궐을 마음대로 무너뜨리거나, 궁궐을 훼손해 그 자리에 다른 건물을 세우기도 했지요.

이처럼 한때 일본에 의해 아픔을 겪었던 우리 궁궐은 이제는 그 모습을 많이 되찾았어요. 하지만 제 모습을 완전히 찾기 위해서는 앞으로 더 많은 관심과 노력이 필요하답니다.

자, 그럼 임금과 신하들이 바삐 일을 보며 지내던 활기찬 궁궐로 여행을 떠나 봐요. 아름다운 궁궐 속에 녹아 있는 자랑스러운 우리 역사를 새삼 다시 느끼게 될 거예요.

어린이의 벗 우리누리

차례

임금의 평안을 비는 궁궐 입구 **정문과 금천** 12
백두 낭자•한라 도령과 함께 가는 우리 궁궐 나들이
시대에 따라 달랐던 조선의 법궁과 이궁 22

궁궐의 가장 중심이 되었던 곳 **정전** 24
백두 낭자•한라 도령과 함께 가는 우리 궁궐 나들이
여러 번 다시 세워진 조선 제일의 궁궐 경복궁 34

왕과 신하들이 나랏일을 보던 곳 **편전** 36
백두 낭자•한라 도령과 함께 가는 우리 궁궐 나들이
역사와 자연이 살아 있는 아름다운 창덕궁 46

궁궐 사람들이 바쁘게 일하던 곳 **궐내각사** 48
백두 낭자•한라 도령과 함께 가는 우리 궁궐 나들이
놀이공원이 될 뻔한 슬픈 역사를 지닌 창경궁 58

임금이 잠자고 쉬던 곳 **침전** 60
백두 낭자•한라 도령과 함께 가는 우리 궁궐 나들이
파란만장한 대한 제국의 역사가 새겨진 덕수궁 70

궁궐 가장 안쪽 왕비가 지내는 곳 **중궁전** 72
백두 낭자 · 한라 도령과 함께 가는 우리 궁궐 나들이
옛 모습을 되찾아야 할 경희궁 82

왕실의 웃어른이 사는 곳 **대비전** 84
백두 낭자 · 한라 도령과 함께 가는 우리 궁궐 나들이
고종 황제와 명성 황후가 혼례를 올린 운현궁 94

새 임금이 될 왕세자가 머무는 곳 **동궁전** 96
백두 낭자 · 한라 도령과 함께 가는 우리 궁궐 나들이
잘 살펴보면 더 재미있는 궁궐의 이모저모 106

돌아가신 임금의 넋을 기리는 곳 **선원전** 108
백두 낭자 · 한라 도령과 함께 가는 우리 궁궐 나들이
나라를 위해 제사를 지내던 종묘와 사직단 118

임금과 임금 가족들의 쉼터 **후원** 120
백두 낭자 · 한라 도령과 함께 가는 우리 궁궐 나들이
사라져 버린 조선 이전의 궁궐 130

부록
교과가 튼튼해지는 우리 것 우리 얘기 132
• 우리 궁궐을 직접 찾아가 보아요
• 경복궁을 한눈에 보아요

옛날 한 늙은 정승이 가마를 타고 궁궐로 가고 있었어요. 그런데 정승은 가마에 앉아 꾸벅꾸벅 졸고 있었지요. 자나 깨나 나라 걱정, 백성 걱정을 하느라 몹시 피곤했거든요.

"어이쿠, 내가 깜빡 잠이 들었구나."

가마가 멈칫하는 바람에 정승은 놀라 퍼뜩 고개를 들었어요. 그런데 가마가 벌써 궁궐 문턱에 다다른 것이 아니겠어요? 정승은 가마를 진 하인들에게 버럭 화를 냈어요.

"어쩌자고 나를 여기까지 태우고 온 것이냐?"

그러자 하인 하나가 쩔쩔매며 말했어요.

"잘못했습니다요. 요즘 건강도 안 좋으신 영감마님이 곤히 주무시는 듯하여……."

정승은 아무 말 없이 가마에서 내려 궁궐을 향해 절을 올렸어요. 그리고 왔던 길을 되돌아 걸어갔지요. 하인들은 고개를 떨어뜨린 채 말없이 정승을 따랐답니다.

정승은 무섭게 생긴 한 돌상 앞에 이르러 하인들에게 말했어요.

"여기 해태상에서부터는 전하 외에는 어느 누구도 말이나 가마를 타고 가서는 안 된다. 그것이 법이니라. 나를 생각하는 너희의 마음은 잘 알지만 앞으로는 절대 그러지 말거라."

말을 마친 정승은 옷매무새를 단정히 가다듬고는 다시 궁궐을 향해 걸어갔어요.

정승이 향한 곳은 바로 조선의 제일가는 궁궐, 경복궁이었어요. 조선을 세운 임금 태조가 한양을 도읍지로 정하고 처음 세운 궁궐이 바로 이 경복궁이지요.

경복궁의 정문은 광화문이에요. 서울 종로구 세종로에 있는 광화문 앞에는 정승의 이야기에 나오는 해태상이 지금도 서 있답니다. 해태는 봉황이나 용처럼 옛날 전설 속에 나오는 상상의 동물이에요. 나쁜 마음을 품은 사람이나 옳지 않은 일을 한 사람을 보면 달려들어 무서운 벌을 준다고 해요.

우리 조상들은 나라의 임금을 잘 모시기 위해 임금이 사는 궁궐 정문 앞에 해태상을

두었어요. 그리고 임금과 임금의 가족을 제외하고는 누구라도 해태상 앞에서는 꼭 말이나 가마에서 내려 걸어가야 했어요. 임금이 계시는 곳에 왔으니 몸가짐을 조심하고 함부로 떠들지 말라는 뜻이었지요.

원래 조선 시대 해태상은 광화문에서 80미터쯤 떨어져 있었어요. 그러나 지금은 광화문 바로 앞에 서 있답니다. 왜냐고요?

일제 강점기인 1927년, 일본은 조선 총독부 건물을 가린다는 이유로 광화문을 억지로 다른 쪽으로 옮겼어요. 그리고 일본이 물러

간 다음에는 광화문 앞에 커다란 찻길을 바쁘게 내게 되었지요. 그러는 동안 해태상은 제자리를 찾지 못하고 오랫동안 헤매다가 지금의 자리로 옮겨진 거예요. 그러니 이제부터라도 소중한 문화 유산을 잘 보존해야겠지요?

그럼 이제 광화문 앞 해태상을 지나 광화문을 만나러 함께 가 볼까요?

광화문은 조선 제일의 궁궐, 경복궁의 정문답게 서울에 있는 다섯 개의 궁궐 정문 중 가장 화려해요. 돌을 차곡차곡 쌓아 아치형의 문을 만들고, 그 위에 나무로 집을 지어 올렸지요.

광화문에 달린 문은 모두 세 개예요. 왼쪽 문은 지금으로 따지면 군인인 무관 벼슬아치가 다녔고, 오른쪽 문으로는 학자인 문관 벼슬아치들이 드나들었지요. 그리고 가운데 가장 큰 문으로는 임금과 왕비만 다닐 수 있었어요.

그런데 지금 우리가 보는 광화문은 지금으로부터 600여 년 전 처음 경복궁이 세워질 때 만들어진 것이 아니에요. 임진왜란과 한국 전쟁 등을 겪으며 여러 번 타 버린 것을 고종 때인 1865년의 모습으로 오늘날

광화문

새로 세운 것이랍니다.

　궁궐의 가장 중요한 건물은 정전이에요. 정전으로 가려면 어느 궁궐이나 보통 세 개의 문을 지나야 하지요. 경복궁에서는 정문인 광화문을 지나면 흥례문, 근정문이 차례로 나와요.

　그런데 흥례문과 근정문 사이에는 작은 시냇물이 흘러요. 그 위에는 돌다리가 놓여 있고요. 궁궐의 문 앞에 흐르는 시냇물은 금천이라고 불러요.

　예부터 우리 조상들은 배산임수 지형을 중요하게 여겼어요. 배

 산임수는 뒤로는 산이 있고, 앞으로는 물이 흐르는 곳이라는 뜻이에요. 이런 곳에 터를 잡고 살면 아주 좋다고 믿었지요.
 경복궁 바로 뒤에는 북악산이 있어요. 그래서 산에서 흘러나오는 물이 궁궐 앞으로 흘러가면 더할 나위 없이 좋은 궁궐 터가 되는 셈이었어요. 그래서 꾸며진 것이 바로 금천이지요.
 또한 우리 조상들은 깨끗한 물이 세상의 어지럽고 속된 일에서부터 사람을 보호해 준다고 믿었어요. 궁궐마다 금천이 있는 까

닮은 조상들의 이러한 믿음 때문이기도 해요.

경복궁의 금천 위에 놓여진 돌다리는 영제교예요. 혹시라도 나쁜 기운이 들어올까 두 눈을 부릅뜬 짐승 돌상 넷이 지키고 있지요.

그러면 서울에 자리한 다른 궁궐에도 경복궁과 같은 정문과 금천이 있을까요?

창덕궁의 정문은 돈화문이에요. 나무로 만들어진 이 문은 세워진 지 400년이 넘어 서울에 남아 있는 목조 건물 중 가장 오래되었지요. 돈화문에도 임금과 신하들이 드나드는 문이 셋으로 따로 나뉘어져 있어요. 옛날에는 돈화문 2층 누각에 커다란 종이 있어서 시각을 알려 주었어요. 하지만 안타깝게도 지금은 남아 있지 않아요. 창덕궁에서도 돈화문을 지나면 진선문, 인정문을 통해 정전에 도착하게 되지요.

창덕궁에도 역시 작은 금천이 있어요. 이곳에 놓인 금천교는 나이가 600살이나 된 돌다리랍니다. 다른 궁궐의 돌다리와는 달리 창덕궁 금천교는 해태상이나 돌 거북까지 처음 모습 그대로 전해지고 있어요. 참 다행스러운 일이지요?

이제 창덕궁 옆에 자리한 창경궁으로 가 볼까요? 창경궁은 조선이 세워지고 난 뒤 임금이 몇 번 바뀌면서 나라가 점점 평안해

창덕궁 돈화문
창경궁 홍화문
조선 궁궐의 정문을 함께 알아볼까?

지자, 궁궐이 차츰 넓혀지면서 더 지어진 보조 궁궐이에요.

창경궁의 정문인 홍화문도 창덕궁의 돈화문만큼이나 오래되었어요. 홍화문을 지나면 역시 금천이 나오는데, 이곳의 맑은 물 위에는 옥천교가 놓여 있지요.

이번에는 덕수궁으로 가 볼까요? 덕수궁의 원래 이름은 경운궁이에요. 1907년 고종이 순종에게 황제 자리를 넘겨준 뒤 이곳에 살게 되면서 경운궁에서 덕수궁으로 이름이 바뀌었지요. 덕수궁의 정문은 인화문이었는데, 지금은 대한문이 정문 역할을 하고 있어요. 궁궐에는 정문 말고도 작은 문들이 여럿 있는데, 대한문 앞에 큰길이 생겨 쓰임새가 더 많아지자 인화문은 사라지고 대한문이 정문 역할을 하게 되었어요.

덕수궁(경운궁) 대한문

경희궁 흥화문

    대한문을 들어서면 역시 금천이 있어요. 하지만 지금은 물웅덩이로만 남아 그 흔적만 겨우 보여 주고 있지요.

    조선의 궁궐 중에는 경희궁도 있어요. 하지만 지금은 옛 모습이 거의 남아 있지 않아요. 경희궁은 일제 강점기에 대부분 허물어지고 말았거든요.

    경희궁의 정문인 흥화문은 일본에 의해 이리저리 팔려 다니기까지 했어요. 뒤늦게야 경희궁으로 돌아오기는 했지만, 원래 있던 곳에 큰 빌딩이 세워지는 바람에 엉뚱한 자리에 놓이고 말았어요.

    사라졌던 경희궁 금천은 최근 새로 만들어졌어요. 하지만 옛날에 있던 원래 그 자리는 아니어서 많은 사람이 안타까워하고 있답니다.

백두 낭자 · 한라 도령과 함께 가는 우리 궁궐 나들이

시대에 따라 달랐던 조선의 법궁과 이궁

서울은 조선의 500년 도읍지예요. 그래서 서울에는 조선의 5대 궁궐인 경복궁, 창덕궁, 창경궁, 덕수궁, 경희궁이 모두 모여 있지요. 그런데 이들 궁궐은 쓰임새에 따라 법궁과 이궁으로 나뉘었어요. 또 시대에 따라 이궁이었던 궁궐이 법궁이 되기도 했고요. 그럼 조선 시대 법궁과 이궁에 대해 좀 더 알아볼까요?

조선의 궁궐 중 어떤 것이 법궁과 이궁으로 쓰였나요?

법궁은 임금이 나랏일을 돌보고 생활하는 궁궐로, 궁궐 가운데 가장 으뜸이에요. 이궁은 법궁에 불이 나거나 전염병이 도는 등 큰 문제가 생겼을 때 임금이 잠시 머물던 궁궐이지요.

조선이 처음 들어설 때 세워진 경복궁은 조선을 대표하는 법궁이었어요. 그

법궁으로 쓰였던 경복궁이에요.

법궁과 이궁으로 모두 쓰였던 창덕궁이에요.

리고 창덕궁과 창경궁은 이궁으로 쓰였지요.

그런데 임진왜란으로 경복궁, 창덕궁, 창경궁이 불에 타 버리자 임금은 덕수궁에 잠시 머물러야 했어요. 그러다가 창덕궁이 가장 먼저 다시 지어져 새로운 법궁으로 쓰였고, 창경궁과 경희궁은 이궁이 되었지요.

1868년에는 흥선 대원군이 경복궁을 다시 세우면서 경복궁은 법궁의 자리를 되찾았어요. 그 밖의 창덕궁, 창경궁, 덕수궁, 경희궁이 이궁이 되었고요.

그러다가 대한 제국 이후에는 다른 궁궐이 궁궐의 기능을 잃어버리는 바람에 고종 황제가 머물던 덕수궁만이 법궁으로 남게 되었답니다.

법궁과 이궁 외에 다른 쓰임새를 가진 궁궐도 있었나요?

임금이 궁궐을 나와 임시로 거처하는 곳을 행궁이라고 해요. 임금이 궁궐에서 멀리 떨어진 곳으로 행차를 가거나 휴양을 갈 때, 전쟁과 같이 위급한 때에 머무는 곳이지요. 조선의 대표적인 행궁으로는 화성행궁, 온양행궁, 남한산성행궁 등이 있답니다.

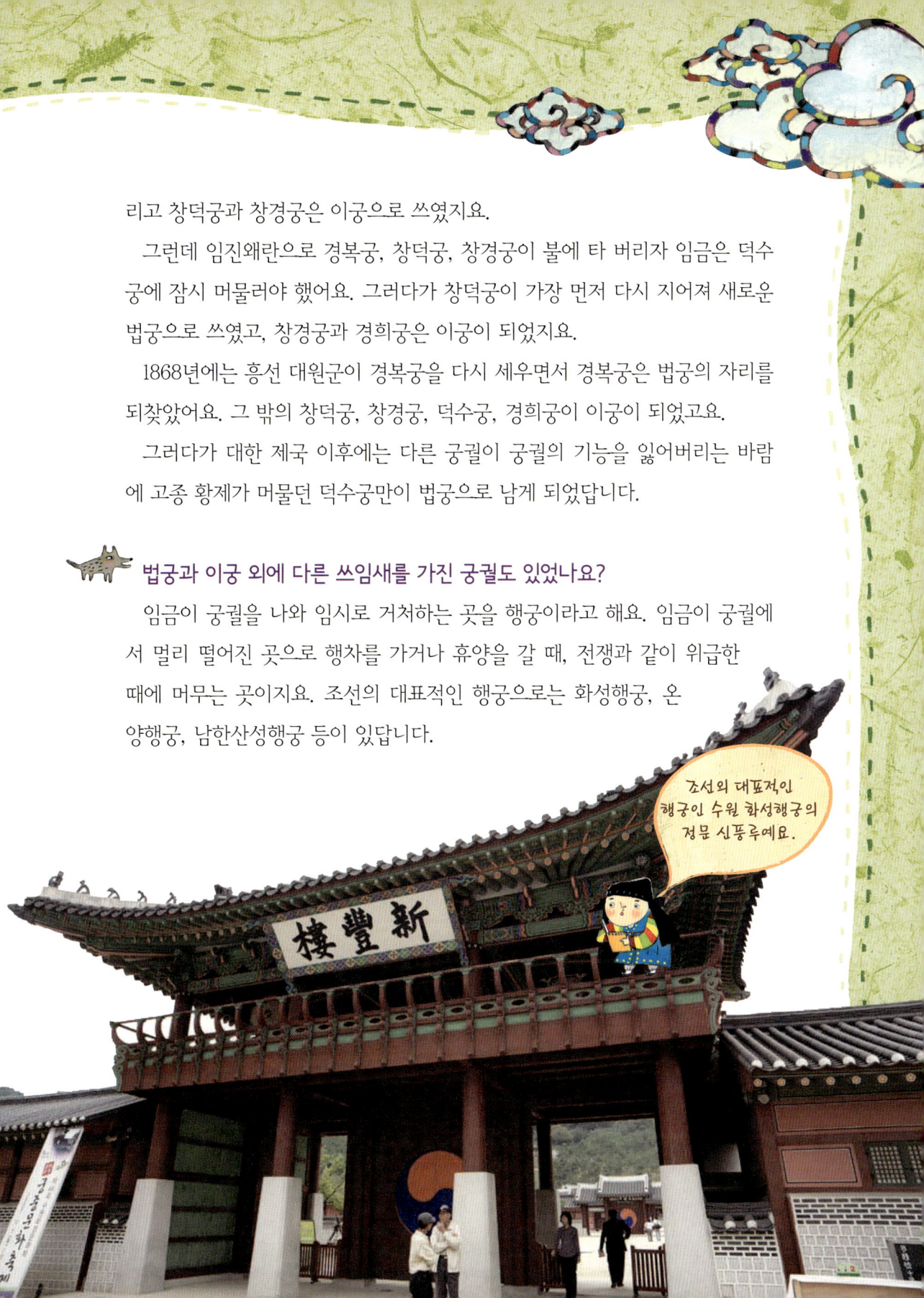

조선의 대표적인 행궁인 수원 화성행궁의 정문 신풍루예요.

궁궐의 가장 중심이 되었던 곳
정전

조선을 세운 태조가 경복궁을 처음 지을 때 있었던 일이에요.

'새 나라가 세워지기까지 많은 싸움이 있었으니 백성들은 여전히 불안하고 혼란스러울 것이다. 어떻게 하면 백성들의 마음을 얻고 평화로운 나라를 만들 수 있을까?'

태조는 고민했어요. 태조를 도와 조선을 세우는 데 큰 공을 쌓은 신하인 정도전은 태조의 이러한 고민을 잘 알고 있었지요. 그래서 종이에 정성껏 세 글자를 써서 임금을 찾아갔답니다.

"전하, 아뢸 것이 있사옵니다."

"그래 무슨 일이오?"

"황공하오나, 지금 짓고 있는 새 궁궐의 정전 이름으로 어떤 것이 적당할지 생각해 보았사옵니다. 전하의 마음에도 드시는지 한번 보시겠습니까?"

태조는 정도전이 건넨 종이를 펼쳐 보았어요.

"부지런할 '근', 정사 '정'. 근정전이라?"

정도전이 말했어요.

"세상의 어느 일이든 부지런함만큼 중요한 것이 없사옵니다. 게으른 사람은 아무것도 이루지 못하지요. 뿐만 아니라 게으른 사람은 다른 사람들에게 믿음도 얻지 못합니다. 그러니 온 백성의 아버지이신 임금님이나, 임금님의 뜻을 받들어 나랏일을 하는 저희 신하들이 부지런해야 백성들이 이 나라를 믿고 편안하게 살 수 있을 것이옵니다."

그러자 태조의 입가에 흐뭇한 미소가 떠올랐어요.

"부지런함으로 이 나라를 다스리자는 말이구려. 역시 경은 내 마음을 다 알고 있었소. 아주 좋은 생각이오. 새 궁궐의 정전은 경의 말대로 근정전이라 이름 짓겠소."

정도전도 자신의 마음을 알아주는 임금이 고마웠어요.

경복궁의 정전은 근정전이에요. 다른 궁궐에도 모두 정전이 있지요. 정전은 궁궐의 가장 중심이 되는 곳으로 주로 나라의 큰 행사를 열었어요. 임금의 즉위식을 열거나 다른 나라에서 온 사신을 맞이하기도 했지요. 또 한 달에 네 번, 임금과 신하들이 이곳에 모여 조회도 했답니다.

정전의 넓은 앞마당은 돌로 되어 있어요. 그 위로는 품계석이 줄지어 서 있지요. 비석처럼 생긴 품계석에는 각 벼슬의 이름이

적혀 있어요. 조회 시간이 되면 신하들은 각자 자기의 품계석에 자리를 잡고 섰어요.

"상감마마 듭시오!"

드디어 임금이 어도를 따라 천천히 들어오면 신하들은 공손히 고개를 숙이고 임금이 정전에 오르기를 기다렸어요. 어도는 정전 앞마당 한가운데에 나 있는 임금만 다닐 수 있는 길이에요. 어도는 다른 쪽 바닥보다 조금 높게 만들어져 있답니다.

경복궁 다음에 세워진 다른 궁궐의 정전도 모두 근정전처럼 '정' 자가 들어간 이름을 가지고 있어요. 창덕궁의 정전은 인정전, 창경궁의 정전은 명정전, 경희궁의 정전은 숭정전이지요. 모두 어질게 다스리고, 밝게 다스리고, 우러러 다스린다는 뜻의 이름이에요.

경복궁 근정전은 밖에서 보면 마치 이층집처럼 지붕이 높게 솟아 있어요. 하지만 근정전 안쪽에서 보면 천장이 높아 그렇게 보이는 것일 뿐 2층이 아니라는 것을 알 수 있어요.

근정전 천장에는 발톱이 일곱 개나 달린 황룡 두 마리가 화려하게 조각되어 있어요. 이 두 마리의 황룡은 임금의 위엄을 더욱 돋보이게 하지요.

임금이 앉는 의자인 용상 뒤에는 일월오봉도라는 그림이 펼쳐져 있어요. 일월오봉도란 해와 달, 백두산, 묘향산, 금강산, 지리산, 삼각산을 그린 그림을 말해요. 이 땅의 모든 자연신이 임금을 지켜 준다는 뜻이지요.

창덕궁의 정전은 인정전이에요. 임진왜란이 일어나 경복궁이 불에 탄 뒤로 조선의 임금 대부분은 이곳 인정전에서 나라의 행사를 치렀어요.

그런데 경복궁 근정전 앞마당에는 모서리가 둥글둥글한 돌이 서로 조각을 맞춘 듯 깔려 있는데 반해, 창덕궁 인정전 앞마당의 돌은 기계로 자른 듯 반듯반듯해요. 왜 그럴까요?

우리 조상들은 자연의 아름다움을 그대로 살리는 것을 좋아했어요. 그래서 정전의 앞마당 바닥도 돌의 원래 모양을 잘 살려 꾸몄지요. 그런데 일제 강점기에 일본 사람들은 인정전 앞 돌바닥을 모두 걷어 내고 잔디를 심었어요. 최근에 들어서야 창덕궁의 원래 모습을 되살리기 위해 잔디를 뽑고 다시 돌을 깔았지요. 하지만 옛날의 자연스러운 아름다움을 그대로 되살리지는 못해 아쉬움이 남지요.

창경궁의 정전은 명정전이에요. 명정전의 크기는 다른 궁궐의 정전에 비하면 좀 작아요. 창경궁은 임금이 주로 사는 법궁으로 지어진 것이 아니라 다른 궁궐을 보조하는 궁궐로 지어졌기 때문이에요. 하지만 명정전은 임진왜란 때 불탔다가 다시 지어진 다음, 지금까지 잘 보존되어 오고 있어요. 오늘날 남아 있는 궁궐의 정전 중에서 가장 오래된 것이라 역사적으로 아주 소중한 가치가

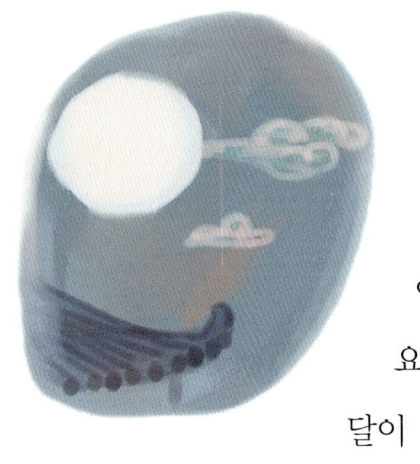

있지요.

그런데 명정전 곁에는 커다란 쇠 그릇이 놓여 있어요. 마치 가마솥처럼 생긴 쇠 그릇이지요. 이것에 얽힌 이야기를 들어 볼까요?

달이 휘영청 밝은 어느 밤이었어요. 바쁜 하루 일을 마친 궁궐 사람들은 모두 잠이 들었지요. 임금도, 왕비도, 세자도 모두 잠들어 궁궐은 고요하기만 했어요.

그런데 그때 창경궁 안에서도 가장 큰 건물인 명정전에 다가가는 붉은 그림자가 있었어요. 바로 귀신 중에서도 가장 흉측하게 생겼다는 불귀신의 그림자였지요.

"히히히. 모두 세상모르게 곯아떨어졌군. 난 이렇게 나무로 지어진 집이 좋아. 내가 손으로 한번 쓱 훑기만 하면?"

불귀신은 생각만 해도 신이 났는지 키득키득 웃어 댔어요. 그리고 가만가만 정전으로 다가갔지요. 그런데 웬 커다란 쇠 그릇이 눈이 띄었어요.

"이건 뭐지?"

불귀신은 쇠 그릇 안을 들여다보았지요. 그 안에는 물이 가득 담겨 있었어요.

"으악! 이게 도대체 뭐야?"

불귀신은 기겁을 하며 놀라 넘어졌어요. 쇠 그릇 안에는 너무나 무섭고 끔찍하게 생긴 괴물이 있었거든요. 불귀신은 걸음아 날 살려라 하며 도망을 치고 말았어요.

불귀신은 세상에서 가장 흉하게 생겼다고 해요. 그런데 불귀신은 자기 얼굴을 한 번도 본 적이 없었지요. 불귀신은 물에 비친 자기 모습을 처음 보고는 그만 혼쭐이 나서 도망쳤답니다.

불귀신을 쫓아내려고 물을 담아 놓는 이러한 큰 쇠 그릇을 '드므'라고 해요. 드므는 명정전을 비롯해 궁궐 안 여러 건물 곁에 놓여 있었어요. 정말 불귀신이 드므만 봐도 놀라 도망쳤는지는 알수 없지만 우리 조상들은 이와 같이 드므를 두고 늘 불조심을 하려고 했답니다. 옛 건물들은 대부분 나무로 지어졌으니까요.

경복궁의 근정전과 덕수궁의 중화전 앞 양편에는 '정'이 놓여 있어요. 옛 책에는 정이 하늘의 기운을 담는 그릇이라고 쓰여 있어요. 크고 신성한 하늘의 힘을 빌어 백성들을 잘 다스리고 나라를 편하게 하라고 임금 가까이에 정을 두었던 거예요.

덕수궁의 정전인 중화전은 정전을 둘러싸는 벽인 회랑을 일제 강점기에 모두 잃은 채, 지금은 출입구인 중화문과 마주 보듯 덩그러니 남았어요.

궁궐에 중요한 예식이 열리면 정에 향을 피우기도 했어요.

창덕궁 인정전 창경궁 명정전
덕수궁 중화전 경희궁 숭정전

조선 궁궐의 정전을 함께 알아볼까?

　경희궁은 궁궐 건물이 대부분 사라져 지금은 터만 남은 것이나 마찬가지예요. 하지만 최근에 경희궁의 정전인 숭정전이 다시 새로 지어졌답니다.

백두 낭자 · 한라 도령과 함께 가는 우리 궁궐 나들이

여러 번 다시 세워진 조선 제일의 궁궐 경복궁

 경복궁은 1395년 처음 세워져 오랫동안 법궁의 역할을 했어요. 하지만 1592년 임진왜란으로 불에 타 버렸지요. 그 뒤로는 창덕궁을 법궁으로 쓰면서 경복궁은 오랫동안 빈터로 남아 있기도 했어요. 그럼 조선을 대표하는 궁궐인 경복궁의 역사를 함께 알아볼까요?

불에 탔던 경복궁은 언제 다시 세워졌나요?

1800년대 많은 서구 열강이 조선으로 쳐들어오려고 하자, 흥선 대원군은 나라의 위엄을 살리고 국력을 보여 주기 위해 1868년 경복궁을 다시 세웠어요. 그리고 당시 임금이었던 고종은 창덕궁에서 경복궁으로 거처를 옮겨 경복궁을 다시 조선을 대표하는 법궁으로 삼았지요. 그리하여 조선이 굳건하다는 의지를 세상에 알렸답니다.

 조선을 침략하려는 열강에게서 나라를 지키려 했던 고종의 초상화예요.

경복궁 안에 세워졌던 조선 총독부예요.

조선 총독부를 상징하던 첨탑이 잘려면서 이 건물은 완전히 사라졌어요.

하지만 경복궁은 또다시 위기를 맞았어요!

　일본은 1910년 강제로 조선을 지배하기 시작했어요. 그리고 조선을 상징하는 경복궁을 마구 훼손했어요. 일본은 경복궁 안에 조선을 통치하는 기관인 조선 총독부까지 세웠지요. 조선 총독부 건물은 1945년 우리가 일본에게서 나라를 되찾은 다음에도 여전히 경복궁 터에 서 있었어요. 뿐만 아니라 그 뒤로 우리나라의 일을 모두 맡아 하는 정부 청사로도 쓰였고, 우리나라 문화재를 보관하는 국립 박물관으로 쓰이기도 했어요. 참 안타까운 일이지요?

　조선 총독부 건물은 1995년이 되어서야 겨우 사라졌어요. 그리고 경복궁의 옛 모습을 하나둘씩 되살리기 시작했지요. 지금도 경복궁의 옛 모습을 온전히 살리기 위한 복원 작업이 계속되고 있답니다.

"전하, 부디 어명을 거두어 주시옵소서!"

"전하!"

신하들이 임금 앞에 고개를 숙이고 한목소리로 말했어요.

신하들의 간곡한 부탁에 난처해진 임금은 잠시 생각에 잠겼어요. 임금의 비서인 도승지도 무척 곤란하다는 표정으로 다른 신하들을 가만히 지켜보고만 있었지요.

"경들은 내 말을 잘 들으시오. 한양에서는 해마다 물난리가 나 문제가 되고 있소. 이것은 미리 물난리를 막을 준비를 하지 않은 탓 아니겠소? 그러니 물난리가 나지 않도록 개천 주변을 공사하는 것은 당연하지 않소?"

그러자 영의정이 대답했어요.

"전하, 하지만 지금은 백성들에게 쌀이나 옷감을 나누어 주는 것이 더 좋을 것이옵니다. 섣부르게 공사를 시작하면 오히려 백성들의 원성만 늘어날 것이옵니다."

임금은 고개를 끄덕였어요.

"맞는 말이오. 당장 백성들이 먹고 입는 것도 중요하오. 하지만

더 먼 미래를 생각해 보시오. 지금은 비가 그쳤지만 언제 또 큰비가 내릴지 알 수 없소. 그렇게 되면 백성들에게 더욱 큰 피해가 생길 것이오. 이번 일만큼은 내 뜻을 따라 주시오."

임금이 굳게 결심한 듯 말하자, 신하들도 더 이상 아무 말을 하지 못했어요. 그러는 동안 임금과 신하들 뒤편에서는 두 사관이 임금과 신하들의 이 모든 대화를 열심히 받아 적고 있었답니다.

이처럼 왕과 신하가 모여 나랏일을 의논하는 곳이 바로 편전이에요. 편전은 주로 정전 바로 뒤에 있는 경우가 많았어요.

경복궁 편전의 이름은 태조의 충성스런 신하였던 정도전이 지었어요. 정도전은 경복궁의 정전인 근정전의 이름을 지은 신하이기도 해요.

"전하. 생각은 한 번 하는 것보다 두 번 하는 게 좋고, 두 번 하는 것보다 세 번 하는 것이 좋습니다. 깊이 생각하면 더욱 현명한 결정을 내릴 수 있지요. 아무쪼록 편전에서 나랏일을 살피실 때는 생각에 생각을 거듭하소서."

이렇게 해서 경복궁 편전의 이름은 생각할 '사' 자, 정사 '정' 자를 써서 사정전이 되었어요.

편전에서 임금이 신하와 함께하는 모든 회의에는 사관 두 명이 꼭 참석했어요. 사관은 임금의 말과 행동을 모두 글로 옮겨 적는 사람을 말해요. 사관 중 한 사람은 임금과 신하의 대화를 받아 적고, 다른 사관은 임금 주변에서 일어나는 일과 주변 사람들의 행동을 자세히 적었어요. 그래서 사관은 적어도 두 명 이상이 있어야 했답니다.

임금이 가는 곳이라면 어디든 사관들이 따라다녔어요. 뭐든 다

오대산 사고에 보관되어 있었던 조선왕조실록이에요.

받아 적어 놓아야 하니까요. 특히 임금이 신하와 나랏일을 의논하는 편전에서 일하는 사관들은 붓에 먹물이 마를 날이 없을 정도로 바빴답니다.

그런데 사관들은 임금의 생활을 왜 그토록 열심히 기록했을까요? 사관이 꼼꼼히 적은 내용은 나중에 '실록'이 되었기 때문이에요. 실록이란 임금이 세상을 떠난 다음, 임금이 살아 있는 동안 한 일과 말을 모두 모아 펴내는 책이에요. 이처럼 실록은 임금이 죽은 다음 펴냈기 때문에 임금도 자기의 실록에 어떤 내용이 쓰여 있는지 알 수 없었답니다. 지금까지 우리가 조선 시대 역사를 잘 알고 연구할 수 있는 이유는 바로 이 실록 덕분이지요.

자, 이제 경복궁의 편전인 사정전의 생김새를 살펴볼까요?

사정전 안에는 용을 그린 벽화가 있어요. 구름 속에서 용이 힘차게 꿈틀대는 모습이지요. 아침에 사정전에 들어갈 때마다 임금이나 신하들은 이 용 그림을 보고 더욱 용기를 얻었을 거예요.

그런데 사정전은 바닥이 나무로 되어 있어서 온돌방처럼 불을 뗄 수가 없었어요. 그러니 겨울철 이곳에서 일하려면 얼마나 추웠겠어요? 다행히 사정전에는 보조 건물인 만춘전과 천추전이 복도인 행각으로 이어져 있었어요. 그래서 날씨가 많이 추운 날에는 만춘전과 천추전의 온돌방으로 옮겨 가 일을 했지요.

"전하, 날씨가 몹시 추워 혹시 병이라도 얻으실까 걱정이 되옵

지금은 서로 떨어져 있지만 옛날에는 사정전이 만춘전, 천추전과 연결되어 있었어요.

니다. 옆 만춘전으로 가시지요."

임금의 비서인 도승지가 걱정스러운 얼굴로 임금에게 말하면 상소문을 읽던 임금도 어쩔 수 없이 만춘천으로 갔을 거예요.

이처럼 사정전을 마룻바닥으로 춥게 만든 것은 임금이든 신하든 게으름을 피우지 말고 열심히 나라와 백성을 살피라는 뜻이 아니었을까요?

창덕궁의 편전은 선정전이에요. 선정전은 임진왜란 때 불에 타 버렸지만 그 뒤로 다시 지어져 지금까지도 별 탈 없이 아름다운 제 모습을 지켜 오고 있지요.

선정전은 다른 궁궐의 편전과는 다른 점이 있어요. 우선 지붕이 푸른 빛깔이 나는 기와로 되어 있어요. 당시 이런 청기와는 무척 귀했지요. 또 선정전에서 선정문까지 지붕이 덮인 행각으로 이어져 있다는 점도 선정전만의 특징이랍니다.

선정전에 얽힌 영조와 박문수의 일화를 들려줄게요.

"전하, 저를 찾으셨습니까?"

어느 날 밤이었어요. 박문수는 영조의 부름에 급히 선정전으로 갔어요.

그러나 영조는 한참 동안 말없이 박문수를 바라보기만 했지요.

"전하, 무슨 걱정이 있으십니까?"

박문수는 영조의 얼굴에 수심이 가득한 것을 알아차렸어요.

영조가 나지막하게 말했어요.

"내가 긴히 부탁할 일이 있소."

박문수는 당황해서 고개를 더욱 숙였어요.

"전하께서 제게 부탁을 하시다니요! 어떤 명령이라도 내리십시오. 저는 전하의 신하이옵니다."

영조는 충성스런 신하 박문수가 믿음직스러웠어요.

"몇 해 전 그대가 영남 지방에 암행어사로 나가 큰 공을 세운 것을 아직도 기억하고 있소."

암행어사는 신분을 감추고 지방으로 내려가 임금의 명령에 따라 일을 해결하는 신하를 말해요. 주로 백성들을 괴롭히는 나쁜 탐관오리들을 찾아내 벌을 주었지요.

"과찬이시옵니다."

"그대가 그렇게 큰 공을 세웠는데, 다시 그 힘한 일을 하라고 하기가 영 쉽지 않구려."

그러자 박문수는 문득 드는 생각이 있어 영조에게 여쭈었어요.

"충청도에서 백성들의 원성이 높아지고 있다는 이야기를 들었습니다. 그 때문이시옵니까?"

"역시 그대가 내 마음을 잘 알아주니 고맙소. 그곳의 탐관오리들이 힘 있는 벼슬아치와 가까워 그러한 행패를 아무도 막지 못하고 있다 하오. 그대밖에 나설 사람이 없겠소."

"전하, 잘 알겠습니다. 어명을 따르겠사옵니다."

영조는 씩씩한 박문수의 대답에 무척 기뻤어요.

"궁궐 안에도 탐관오리와 통하는 사람이 있다고 하니, 이 일은 그대와 나만이 알고 있어야 하오."

영조는 박문수에게 암행어사를 증명하는 마패를 건넸어요. 박문수는 마패를 조심스럽게 소맷부리에 넣고 선정전을 나섰지요.

이렇듯 조선의 여러 임금이 지냈던 창덕궁의 편전인 만큼 선정전에서는 아마 이런 일들이 수없이 많이 있었을 거예요.

한편 창경궁은 임금이 나랏일을 주로 보는 곳이 아니라 임금의 가족들이 머무는 궁궐이었어요. 그래서 비록 문정전이라는 편전이 있기는 했지만 다른 궁궐의 편전보다는 소박한 모습이지요.

덕수궁에서는 고종 황제가 머물 당시 준명당, 즉조당, 석어당, 덕홍전 등이 편전으로 쓰였어요. 또 경희궁의 편전인 자정전은 일제 강점기에 허물어졌지만 다시 세워졌답니다.

백두 낭자 · 한라 도령과 함께 가는 우리 궁궐 나들이

역사와 자연이 살아 있는 아름다운 창덕궁

태조가 조선을 세운 지 얼마되지 않아 다음 임금이 누가 될 것이냐를 두고 왕자들의 싸움이 벌어졌어요. 그리고 결국 다섯째 아들 방원이 자기 동생을 죽이고 임금 태종이 되었지요. 하지만 태종은 동생을 죽인 경복궁에서 지내고 싶지 않았어요. 그래서 새로 지은 궁궐이 창덕궁이랍니다. 이곳으로 함께 가 볼까요?

태종이 지은 창덕궁의 역사를 알아볼까요?

태종은 1405년 창덕궁을 완성하고는 법궁으로 삼으려고 했지만 신하들의 반대로 그러지 못했어요. 그러다 임진왜란 때 경복궁이 불타자 드디어 창덕궁은 조선의 법궁이 되었어요. 그러나 경복궁의 중건과 일본의 간섭으로 창덕궁은 다시 이궁이 되었다가 법궁이 되었다가를 되풀이했지요.

대한 제국의 황태자비 이방자 여사가 살던 창덕궁 낙선재예요.

　이렇게 혼란스런 역사 속에서도 창덕궁은 조선의 임금과 가족이 가장 오래 살았던 궁궐이에요. 대한 제국 최후의 황녀(황제의 딸)인 덕혜 옹주와 황태자비 이방자 여사도 1989년까지 이곳에서 살다 돌아가셨답니다.

 **창덕궁은 자연의 아름다움을 잘 살린 궁궐로도 유명해요!**
　산자락에 자리 잡고 있는 창덕궁은 원래 있던 자연을 그대로 살려 지어졌어요. 그래서 정전인 명정전 뒤에는 보통 궁궐처럼 편전이 들어서 있지 않아요. 편전 대신 명정전 뒤편에 있는 아름다운 동산을 그대로 두었지요.
　뒤뜰인 후원도 무척 아름다워요. 아름다운 정자와 연못이 나무와 바위들과 어우러져 한 폭의 그림처럼 보이지요. 자연과 궁궐이 아름다운 조화를 이루는 창덕궁은 1997년 유네스코 세계 문화유산으로 지정되기도 했답니다.

> 창덕궁 후원의 모습이에요.

> 일제 강점기에 붙여진 이름인 비원이 아니라 후원이라고 불려야 해요.

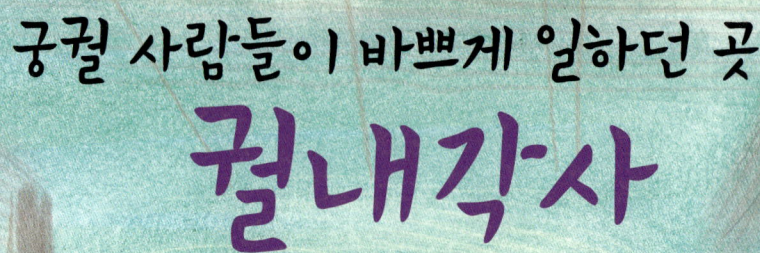

궁궐 사람들이 바쁘게 일하던 곳
궐내각사

어느 늦은 밤이었어요. 갑자기 읽고 싶은 책이 있어 집현전을 찾은 세종은 집현전 안에 여전히 불이 켜져 있는 것을 보았어요.

"이 늦은 밤까지 누가 남아 있는 것이냐?"

그러자 내관이 말했어요.

"전하, 제가 알아보겠습니다."

하지만 세종은 손을 저었어요. 그리고 살며시 문을 열었지요. 누군가 책이 펼쳐진 책상에 엎드린 채 잠들어 있었어요. 바로 신숙주라는 학자였어요.

깜짝 놀란 내관이 신숙주를 깨우려 하자 세종은 가만히 고개를 저었어요. 내관이 작은 목소리로 임금에게 말했어요.

"요즘 집현전에서 밤늦게까지 책을 보는 일이 많다고 들었습니다. 그러느라 좀 피곤했던 모양입니다."

세종은 고개를 끄덕였어요.

"잠자리에 편히 눕지……."

세종은 신숙주가 잠이 깰까 봐 입고 있던 곤룡포를 조심스럽게

벗었어요. 곤룡포란 임금이 입는 옷을 말해요. 그리고 벗은 곤룡포를 신숙주에게 덮어 주었답니다. 안절부절 어쩔 줄 몰라 하던 내관은 그제야 임금의 뜻을 알아차리고 미소를 지었어요.

'저렇게 잠든 신하의 모습이 안쓰러우신 모양이구나.'

세종은 곧 집현전을 나와 임금의 침실인 침전으로 향했어요.

다음 날 아침이 밝았어요. 잠에서 깬 신숙주는 자기가 덮고 있는 곤룡포를 보고는 깜짝 놀랐지요.

'전하께서 다녀가셨구나! 책을 읽다 잠든 흉한 모습을 보여 드렸으니 어찌하면 좋을까.'

신숙주는 부끄러워 쥐구멍에라도 숨고 싶은 심정이었어요.

'전하를 얼른 찾아뵙고 용서를 구해야겠다.'

세종은 놀라고 부끄러워 붉어진 얼굴로 자신을 찾아온 신숙주를 보자 조금 놀리고 싶어졌어요.

"그래, 잠은 잘 주무셨소?"

신숙주의 얼굴은 이제 아예 하얗게 질릴 지경이었어요.

"전하, 죽을죄를 지었사옵니다."

신숙주는 조심스레 곤룡포를 내밀었어요.

"부끄러운 모습을 보여 드린 것도 모자라 전하의 귀한 곤룡포까지 몸에 덮었습니다. 저에게 벌을 주십시오."

신죽주는 임금 앞에 고개를 숙였어요.

"그건 내가 경에게 덮어 준 것인데 왜 경의 잘못이겠소."

"전하."

신숙주는 임금의 부드러운 목소리에 더욱 놀랐어요.

"앞으로도 지금처럼 열심히 학문을 닦으시오. 그것이 나를 돕는 길이오. 하지만 몸이 상하지 않도록 잠은 제대로 자겠다고 약속해 주겠소?"

감격한 신숙주는 임금에게 절을 올리며 말했어요.

"성은이 망극하옵니다!"

세종과 신숙주의 이야기가 얽혀 있는 집현전은 여러 학자가 모여 학문을 연구하고, 훌륭한 책을 펴내던 곳이에요. 한글도 바로 이곳 집현전에서 만들어졌지요. 경복궁의 수정전이 세종 당시 집현전 건물로 쓰였답니다.

이렇게 궁궐 안에는 집현전처럼 학자들이 모여 연구하던 곳이나 신하들이 일을 보던 곳이 따로 있었어요. 임금이 일하는 정전과 편전을 제외하고, 신하들이 여러 가지 나랏일과 궁궐 일을 보던 곳을 궐내각사라고 부른답니다.

궐내각사에는 많은 기관이 모여 있었어요. 그중 정치와 행정 업무를 담당했던 관청으로는 정승의 회의실인 빈청, 왕의 비서실인 승정원, 책과 서류를 보관하던 홍문관, 역사 기록을 맡은 춘추관, 책을 펴내는 주자소 등이 있었어요.

또 임금과 임금의 가족, 궁궐을 보호하는 역할을 맡은 관청도 있었어요. 조선의 군사를 관리하던 오위도총부와 임금을 가장 가까이에서 호위하던 선전관청 등이지요.

이 밖에도 궁궐의 여러 일을 돕는 관청이 있었어요. 임금을 모

시는 내관이 지내는 내반원, 궁궐 음식을 만드는 사옹원, 임금의 건강을 돌보는 내의원, 임금의 말과 수레를 살펴보는 내사복, 임금의 옷과 재물을 담당하는 상의원이 모두 궐내각사에 속했어요.

　이처럼 여러 종류의 관청과 기관들이 모여 있는 궐내각사의 하루는 그 어느 곳보다 바쁘게 흘러갔어요.

　빈청에서는 영의정, 좌의정, 우의정이 한자리에 모여 백성들이 낼 세금이 너무 많지는 않은지, 외국에 갈 사신으로 누구를 임명하면 좋을지 오랜 시간 논의를 했어요. 같은 시간 주자소에서는 새로 찍을 책의 활자를 맞추느라 분주했지요.

"요즘 궁궐 안 경비가 허술해졌다는 말이 있는데, 도대체 어찌 된 것이오?"

이처럼 오위도총부의 관리가 게을러진 수비대를 호통치는 일도 있었어요.

"며칠 뒤 어가 행렬이 있으니 전하의 가마를 잘 손질해 두어라."

임금의 가마를 만드는 상의원 사람들도 바쁘게 움직였어요.

"중전마마께서 태기가 있으시다 들었는데 사실이오?"

"네! 경사 중에 경사입니다!"

내의원 사람들은 아이를 갖은 왕비의 소식을 전하며 모두 활짝 웃음을 터뜨렸어요.

"땡, 땡, 땡."

시간을 알려 주는 물시계인 자격루의 종소리가 들렸어요. 자격루가 있던 보루각도 궐내각사에 있었지요.

"지금 전하께서 속이 편치 않으시니 내의원의 당부대로 음식이 너무 맵거나 짜지 않도록 더욱 신경을 써서 준비하여라."

사옹원 수라간의 상궁은 임금의 건강을 위해 정성을 다해 음식을 준비했지요.

　이렇게 많은 일이 모두 궐내각사에서 이루어졌답니다.

　하지만 오늘날 경복궁에는 궐내각사 건물은 거의 남아 있지 않아요. 모두 사라지고 잔디만 무성하게 자라고 있을 뿐이지요. 참 안타까운 일이에요.

　경복궁뿐만 아니라 창덕궁에도 궐내각사가 있었어요. 창덕궁의 궐내각사 건물 역시 지금으로부터 100여 년 전에 거의 모두 사라졌지만 최근에 하나둘씩 다시 세워지고 있어요.

창덕궁 궐내각사에서 가장 돋보이는 곳은 정조가 만든 규장각이에요. 정조가 나라를 다스리던 당시 벼슬아치들은 나랏일은 열심히 돌보지 않고 서로 편을 나누어 싸우는 일이 많았어요. 그러다 보니 아무리 뛰어난 사람이라도 자기편이 아니면 벼슬자리에 앉지 못하도록 방해했지요. 그 모습을 본 정조는 곰곰이 생각했어요.

'신하들이 나랏일은 제쳐 두고 서로 싸움만 하니 큰일이로다.'

정조는 할아버지였던 영조가 어느 편의 신하든 상관없이 똑똑한 일꾼을 가려 쓰려고 노력했던 점을 되새기고는 궁궐 안에 규장각을 두기로 했어요. 그리고 창덕궁 후원 안에 있는 주합루 아래층을 규장각으로 꾸몄어요.

"이곳에 많은 책을 두어 총명한 신하들이 학문에 더욱 힘쓰도록 할 것이오. 또 나는 그 신하들의 말을 귀담아들어 나라의 중요한 일을 해 나가겠소."

정조의 이러한 노력으로 이 즈음 조선은 자유롭게 학문을 연구하고 예술을 꽃피우는 시절이 될 수 있었답니다.

백두 낭자·한라 도령과 함께 가는 우리 궁궐 나들이

놀이공원이 될 뻔한 슬픈 역사를 지닌 창경궁

 창경궁은 법궁을 보조하는 궁궐로 주로 임금과 그 가족이 살던 궁궐이에요. 그런 창경궁이 일제 강점기였던 1907년에 이르러 큰 위기를 맞게 돼요. 일본 사람들이 창경궁의 건물을 허물고 그 자리에 동물원과 식물원을 세웠거든요. 슬픈 역사를 지닌 창경궁으로 함께 떠나 볼까요?

창경궁은 어떻게 지어진 궁궐이었나요?

세종은 임금 자리에서 물러난 아버지 태종을 위해 1419년 수강궁이라는 작은 궁궐을 지었어요. 그로부터 60년 뒤, 아버지인 예종이 일찍 세상을 떠나 어린 나이에 왕이 된 성종은 수강궁을 더 넓혀 지었어요. 궁궐에 할아버지 세조의 왕비와 아버지 예종의 왕비, 또 성종의 어머니까지 대비가 셋이나 함께 살

> 창경궁은 경복궁을 중심으로 동쪽에 있어 창덕궁과 함께 동궐이라고 불려요.

아야 했거든요. 성종은 세 어른을 제대로 모시려면 더 큰 궁궐이 필요하다고 생각했어요. 그렇게 해서 1483년에 창경궁이 완성되었답니다.

 **우리 궁궐 창경궁이 놀이공원으로 바뀔 뻔했대요!**

　일제 강점기에 일본은 우리 궁궐을 많이 훼손했어요. 창경궁도 예외가 아니었지요. 일본은 창경궁의 이름을 창경원이라고 고치기까지 했어요. 이름에 '원' 자를 붙인 것은 이곳이 궁궐이 아니라 공원이라는 의미였어요. 그러고는 벚나무를 가득 심었어요. 벚꽃은 일본을 대표하는 꽃이지요. 또 동물원을 만들고 놀이 기구도 세웠답니다.

　창경궁은 그 뒤로도 한참 동안 본래의 이름을 되찾지 못했어요. 그러다 1984년 드디어 벚나무를 모두 없애고 옛 창경궁의 모습을 다시 살렸어요. 그리고 본래 이름도 되찾았지요. 지금 창경궁은 조선의 역사를 살피는 데 중요한 궁궐로 소중하게 지켜지고 있답니다.

우리 궁궐이 한때 놀이공원이 되기도 했었대요.

임금이 잠자고 쉬던 곳
침전

어느 이른 아침, 새가 지저귀는 소리에 임금은 잠이 깨었어요. 하지만 피곤했던지 눈을 쉽게 뜨지 못하고 그대로 누워 있었지요.

'지난밤에 잠이 안 와 늦게까지 깨어 있었더니 아침에 눈을 뜨기가 힘들구나.'

임금이 뒤척이는 소리에 어느새 내관이 다가와 머리를 조아렸어요.

"전하, 안녕히 주무셨사옵니까?"

"오냐, 그래."

내관은 임금의 얼굴을 살피며 말했어요.

"전하, 안색이 안 좋으십니다. 어의를 부르겠사옵니다."

"아니다. 괜찮다."

잠시 뒤 상궁이 임금이 씻을 세숫물을 가지고 들어오자 내관이 말했어요.

"잠시 뒤에 다시 오시오."

하지만 임금은 괜찮다고 손을 저으며 몸을 일으켰어요.

"아니다. 내가 잠을 좀 설쳤나 보다."

내관은 임금의 상태가 걱정스러워 물었어요.

"전하, 대비마마께 드리는 아침 문안 인사는 오늘 하루 쉬시지요. 제가 다녀오겠습니다."

"그럴 것 없다. 요즘 어마마마의 건강도 좋지 않으신데, 괜히 걱정을 끼쳐 드릴 필요가 있겠느냐. 오늘은 자릿조반으로 타락죽이 먹고 싶구나. 그럼 기운이 날 것 같다."

내관과 상궁들은 그제야 안심하고 자릿조반을 내왔어요. 자릿조반이란 임금이 일어나자마자 간단하게 먹는 죽을 말해요.

임금은 아침에 일어나서 바로 아침 식사를 할 수가 없어요. 우선 왕실의 웃어른이 사는 대비전에 가서 인사를 드려야 하지요. 그리고 나서는 경연을 가는데, 경연은 말하자면 아침에 하는 공부예요. 이것을 다 마쳐야 아침을 먹을 수 있으니, 배가 고프지 않게 일어나자마자 미리 죽을 한 그릇 먹어 두는 것이지요.

타락죽 한 그릇을 말끔히 비운 임금이 환하게 웃으며 내관에게 말했어요.

"보아라. 내 금방 기운을 차린다고 하지 않았느냐?"

"전하, 다행이옵니다."

"지난밤에 달빛이 어찌나 곱던지 잠을 쉽게 잘 수 없었다. 오늘 밤에도 고운 달이 뜰 텐데, 어찌하면 좋겠느냐?"

임금이 웃으며 묻자 내관도 빙그레 미소를 지었어요.

"전하를 위해서라면 못할 일이 없지만, 달이 떠오르는 것은 저도 어찌할 수가 없사옵니다."

"허허허."

임금은 기분 좋게 채비를 갖추고 대비에게 아침 문안 인사를 하러 침전을 나섰어요.

이렇게 임금이 잠을 자거나 하루 일을 마치고 돌아와 쉬는 곳이 바로 침전이에요. 침전은 보통 임금이 일하는 사무실인 편전의 뒤쪽에 있었지요.

경복궁의 침전은 강녕전이에요. 임금은 편전인 사정전에서 일을 마치면 바로 뒤의 강녕전으로 돌아가 쉬었어요.

그런데 강녕전은 궁궐의 보통 건물과는 지붕의 생김새가 조금 달라요. 기와로 지붕을 덮은 옛 건물에는 보통 용마루가 있는데, 강녕전에는 용마루가 없어요. 용마루란 지붕 앞쪽과 뒤쪽의 기와가 만나는 가장 높은 곳의 모양을 내기 위해 다시 길게 기와를 덮은 것이에요. 또는 여기에 흙을 바르고 하얗게 색을 칠하기도 했어요.

그럼 강녕전에는 왜 용마루가 없을까요? 용은 임금을 뜻하는 상상의 동물이에요. 그런데 용마루도 용을 뜻하기 때문에 한곳에 용 두 마리가 있으면 서로 기운을 빼앗을 수 있다고 생각했지요. 그래서 용마루를 두지 않았다고 전해져요.

강녕전 곁에는 '어정'이라는 우물도 있었답니다. 한 나라의 임금이 씻고 마시는 물은 아주 중요하지요. 그래서 궁궐 안에서도 가장 깊숙이 자리한 강녕전에 우물을 두어 잘 간수했어요.

또한 궁궐의 중심인 정전이 아님에도 불구하고 강녕전에는 아

주 널찍한 월대가 있어요. 월대란 중요한 건물 앞에 돌을 쌓아 올려 만든 계단이에요. 이것으로 보아 강녕전은 임금이 쉬거나 잠을 자는 용도 외에 다른 행사를 하는 데에도 쓰였다는 것을 알 수 있어요. 월대는 잔치를 벌일 때 무대처럼 사용했거든요.

"곧 우리 영특한 세자의 생일이 다가오는구나. 내가 직접 잔치를 열어 주어야겠다."

만일 이처럼 임금이 세자의 잔치를 열기로 마음먹었다면 어디에서 해야 할까요? 나라의 중요한 행사가 열리는 근정전도, 나라의 큰 잔치가 열리던 경회루도 아닐 거예요. 임금은 모든 백성을 보살펴야 하는 한 나라의 군주이지만 왕비에게는 남편이고, 왕자와 공주에게는 아버지였어요. 그렇기 때문에 임금도 가끔씩 이렇게 강녕전에서 가족들과 편안하게 잔치를 벌이거나 오붓한 시간을 보내고 싶었을 거예요.

창덕궁에도 침전이 있었어요. 바로 희정당이에요. 그런데 지금 남아 있는 희정당은 창덕궁의 다른 건물에 비해 몸집이 커서 조금 어색해 보여요. 원래 있던 희정당은 일본이 조선을 지배하던 때인 1917년 큰불이 나 모두 사라졌지요.

"불타 버린 희정당을 다시 세워야 하지 않겠습니까?"

"하지만 그러려면 돈이 많이 들 텐데요."

그때 마침 조선 총독부에서 일하던 일본 사람들은 경복궁의 강녕전은 물론 왕비가 머무는 교태전까지 없애려는 계획을 세우고 있었어요.

"어차피 경복궁에는 조선의 임금이 살지 않는데 강녕전과 교태전을 굳이 둘 필요가 있겠소? 두 건물을 허물어 거기서 나온 기와와 나무를 가져다 희정당을 다시 세우시오."

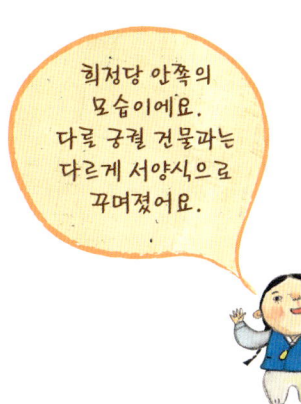

희정당 안쪽의 모습이에요. 다른 궁궐 건물과는 다르게 서양식으로 꾸며졌어요.

그리하여 경복궁 강녕전과 교태전은 허물어지고, 그 기와와 나무로 창덕궁의 희정당이 지어졌어요. 지금 경복궁에 있는 강녕전과 교태전은 최근에 다시 세워진 것이랍니다. 참 슬픈 일이지요?

새로 지어진 희정당의 모습은 원래 희정당과는 많이 달라요. 마룻바닥에는 양탄자가 깔려 있고, 천장에는 전등이 달려 있거든요. 물론 이때는 서양의 문화와 물건이 우리나라에 막 전해지던 즈음이라 궁궐의 모습이 이렇게 바뀌게 된 것은 어쩔 수 없는 일이기도 했어요.

이번엔 창경궁의 침전으로 가 볼까요? 창경궁은 임금보다 임금 가족의 침전이 주로 모여 있었어요. 하지만 임금의 침전으로 쓰인 건물도 있어요. 바로 환경전이 그 역할을 했지요.

덕수궁의 침전은 함녕전이에요. 함녕전은 1919년 고종이 눈을 감은 곳이기도 하지요. 고종이 세상을 떠날 때 많은 신하와 황실 가족이 이곳에서 눈물을 흘렸답니다. 일본에 나라를 빼앗기는 고통을 안고 결국 세상을 떠난 고종의 이야기를 들어볼까요?

경복궁에서 지내던 고종은 아내인 명성 황후가 일본 사람들에게 목숨을 빼앗기는 것을 보고 큰 충격을 받았어요. 고종도 언제 해코지를 당할지 모르는 상황이라 몸을 피해야만 했지요. 그러나 고종은 이렇게 나라를 일본에 빼앗길 수는 없었어요. 그래서 굳은 결심을 하고 덕수궁을 임금이 사는 새 법궁으로 삼았어요.

"나는 이제부터 그냥 임금이 아니라 황제이다. 그리고 나라의 이름을 대한 제국으로 바꾸겠다."

고종이 자신을 황제라고 한 것은 앞으로 더 이상 청나라나 일본의 간섭을 받지 않겠다는 뜻이었어요. 고종은 나라를 지키기 위해

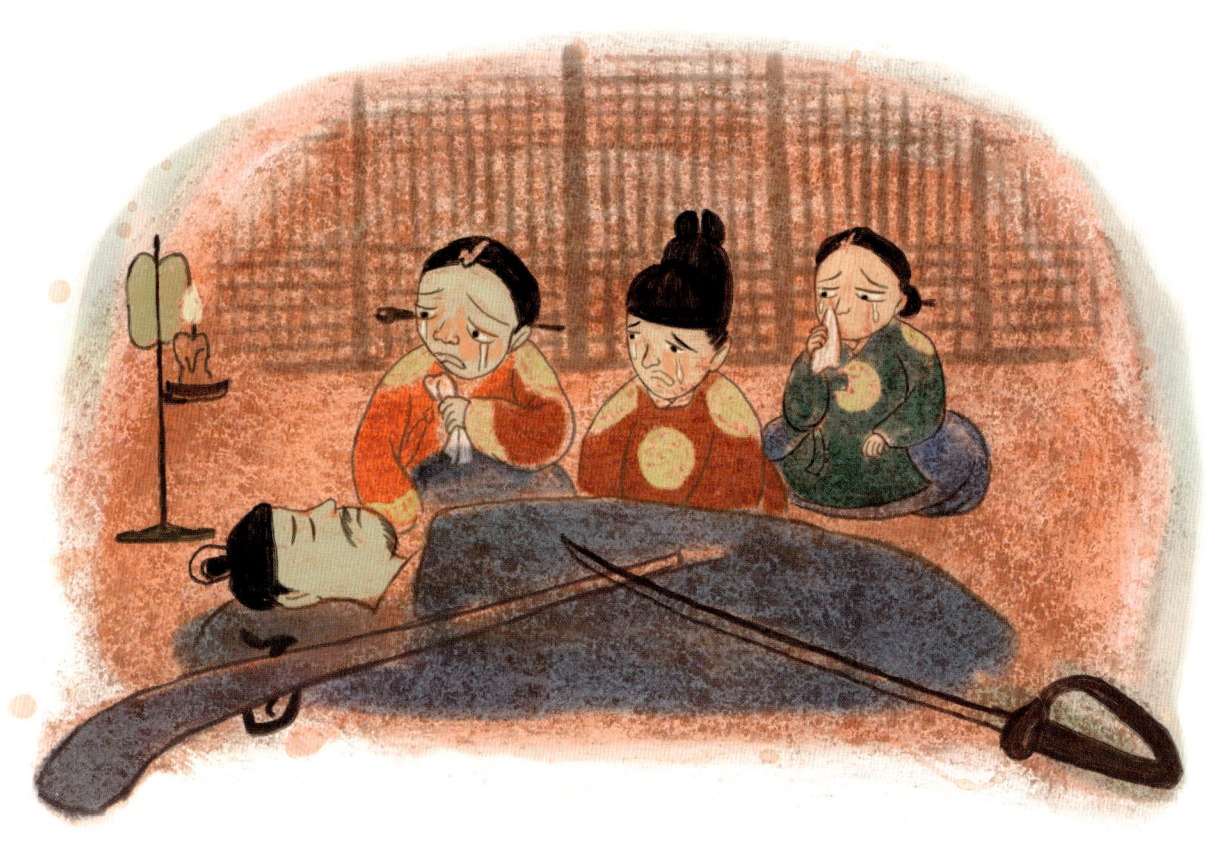

세계 여러 나라에 일본의 잘못을 알리려고 노력했어요. 하지만 일본은 이것을 트집 잡아 오히려 고종을 황제 자리에서 물러나게 했지요. 그리고 얼마 뒤 일본은 결국 우리나라를 완전히 빼앗아 지배하기 시작했어요. 고종은 나라를 잃었다는 슬픔에 몹시 괴로워했지요.

그런 고종이 한스런 생을 마친 곳이 바로 함녕전이에요. 함녕전은 덕수궁에 몇 남아 있지 않은 건물 중 하나랍니다.

백두 낭자 · 한라 도령과 함께 가는 우리 궁궐 나들이

파란만장한 대한 제국의 역사가 새겨진 덕수궁

서울 중구 정동에 있는 덕수궁에서는 오늘날 수문장 교대식 등 화려한 전통문화 행사가 펼쳐지고 있어요. 하지만 우리가 덕수궁이라고 부르는 이곳의 원래 이름은 경운궁이랍니다. 덕수궁은 조선 시대 궁궐 중 규모가 가장 작지만, 그 속에는 파란만장했던 대한 제국의 역사가 그대로 새겨져 있지요. 그럼 덕수궁의 가슴 아픈 지난날을 함께 되돌아볼까요?

덕수궁은 원래 임금이 잠시 머무는 행궁이었대요!

임진왜란 때 의주로 피난을 떠났던 선조는 1년 반만에 한양으로 돌아왔어요. 하지만 경복궁은 물론 창덕궁과 창경궁도 이미 불타 버린 상태였어요. 그래서

덕수궁에는 전통식 목조 건물과 서양식 건물이 함께 남아 있어요.

지금의 덕수궁 자리에 있던 월산 대군의 집에 머물렀지요. 이처럼 임금이 잠시 머물렀다 가는 곳을 행궁이라고 하는데, 이곳은 동네 이름을 따 정릉동행궁이라고 불렀어요. 그리고 나중에 경운궁으로, 또 덕수궁으로 불리게 되었답니다.

 **덕수궁에 새겨진 파란만장한 대한 제국의 역사를 만나 볼까요?**

덕수궁은 세월이 지나 법궁이 되기도 했어요. 고종 황제가 일본의 위협을 피해 러시아 공사관에 머물러 있다가 이곳으로 거처를 다시 옮겼거든요. 고종은 나라의 위엄을 세우고, 다른 나라의 간섭을 받지 않기 위해 스스로 황제가 되고 나라 이름을 대한 제국이라 했어요.

하지만 일본은 대한 제국을 강제로 지배했지요. 고종은 이 억울함을 알리고 나라를 지키기 위해 네덜란드 헤이그에서 열린 만국 평화 회의에 세 명의 특사를 보냈어요. 하지만 이미 나라를 대표할 힘을 일본에게 빼앗긴 뒤라 아무 소용이 없었지요. 결국 고종은 황제 자리에서도 물러나 안타깝게 숨을 거두고 말았답니다.

이준, 이상설, 이위종

나라를 빼앗긴 억울함을 세계에 알리기 위해 파견된 헤이그 특사의 모습이에요.

궁궐 가장 안쪽 왕비가 지내는 곳
중궁전

어느 이른 봄날이었어요. 왕비는 잠시 궁궐 뒷마당에 나와 있었지요.

"어머, 산수유나무가 벌써 꽃을 피웠네?"

궁궐 마당에 아름답게 피어난 산수유꽃을 본 왕비는 기쁜 마음에 탄성을 질렀어요.

왕비가 있는 이곳은 경복궁의 중궁전인 교태전이에요. 중궁전은 왕비가 머무는 궁궐 건물을 말해요. 왕비를 높여 부르는 말이기도 한데, 중궁, 중전, 또는 내전이라고도 하지요.

사실 왕비는 아침부터 아주 바쁜 시간을 보냈답니다. 아침 일찍 일어난 왕비는 가장 먼저 편찮으신 대비의 탕약이 잘 준비되고 있는지 살폈어요. 또 여러 가지 다른 일을 보다가도 잠시 틈을 내어 아직 돌이 지나지 않은 공주를 돌보았지요. 또 궁궐 밖에 사는 왕실 어른이 찾아와서 이야기를 나누고는 배웅하고 나니 벌써 점심 먹을 시간이 훨씬 지나고 말았어요.

왕비는 그제야 한숨을 돌리고 잠시 궁궐 뒷마당으로 나갔어요.

"중전마마, 점심을 드실 때이옵니다."

왕비를 시중들던 상궁이 교태전 뒷마당에서 하염없이 산수유꽃을 바라보고 있는 왕비에게 말했어요. 하지만 왕비는 여전히 뒷마당을 둘러보고만 있었어요.

"벌써 봄인가 보오."

그러자 상궁은 잔잔한 웃음을 머금고 대답했어요.

"중전마마께서 이곳으로 드신 지 벌써 두 해가 지났나 봅니다."

왕비도 미소를 지었지요.

"어릴 적 내가 살던 집에도 이렇게 산수유나무가 많았지요."

왕비는 어릴 적 살던 집이 문득 그리워 마음이 울적해졌어요.

그 모습을 가만히 보던 상궁이 말했어요.

"중전마마, 이 돌확에 새겨진 두꺼비의 모습을 보십시오."

왕비는 돌확을 바라보았어요. 돌확은 작은 마당에 연못을 대신해서 놓은 돌 항아리예요.

"이것은 물가를 찾아드는 두꺼비를 새겨 놓은 게 아닙니까?"

그러자 상궁은 이런 이야기를 들려주었어요.

아주 멀고 먼 옛날의 이야기예요. 어찌나 먼 옛날인지, 그때에는 해가 지금처럼 하나가 아니었다고 해요. 해의 어머니는 무려 열 개의 해를 낳았지요. 어머니는 매일 아침이면 자식들인 해를 깨끗이 씻겨 하나씩만 하늘로 나가게 했어요. 그래서 한 해가 나가면 다른 아홉 해는 집에서 지루하게 시간을 보내야 했답니다.

"세상에 나가 매일매일 밝은 햇살을 비추고 싶은데……."

해들은 불만이 생겼어요. 나중에는 서로 하늘로 나가려고 다툼을 벌이기까지 했지요.

"오늘은 내가 나갈래!"

"아냐, 내가 또 나갈 거야!"

이렇게 말이에요. 그러다가 그만 열 개의 해가 한꺼번에 하늘로 나오고 말았어요. 그러니 세상이 어찌되었겠어요? 뜨거운 빛 때

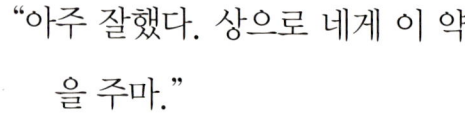

문에 땅 위의 모든 것이 타 버릴 지경이었답니다. 옥황상제는 이것을 보고 그냥 둘 수가 없었지요. 그래서 활을 가장 잘 쏘는 한 남자를 불렀어요.

"해를 하나만 두고 모조리 쏘아 떨어뜨려라!"

활을 잘 쏘는 남자는 아홉 개의 해를 쏘아 모두 바닷속으로 빠뜨렸어요.

"아주 잘했다. 상으로 네게 이 약을 주마."

옥황상제는 활을 잘 쏘는 그 남자에게 평생 늙지

 않는 약을 선물했어요.

 그런데 그의 아내가 이 약을 그만 몰래 먹어 버렸어요. 아내는 활만 잘 쏠 뿐 집안은 통 살피지 않는 남편이 너무 원망스러웠던 것이지요. 그러나 아내는 곧 남편이 이 일을 알고 화를 낼까 무서워 달나라로 도망을 쳤어요. 하지만 달나라의 신이 이 일을 모를 리 없었지요.

 "너는 옥황상제가 네 남편에게 내린 선물을 몰래 먹었다. 너를 두꺼비로 만들어 버리겠다!"

 그리하여 아내는 흉측한 모습의 두꺼비가 되고 말았어요. 하지만 다행히 달나라의 신은 두꺼비가 된 그 여인을 달나라에서 내쫓

지는 않았어요.

"두꺼비의 모습이라도 좋아. 아무 걱정 없는 이 달나라에서 살 수 있으니 말이야."

결국 아내는 아름다운 달나라에서 아무 걱정도 슬픔도 없이 영원히 살았다고 해요.

상궁이 이야기를 마치자 왕비는 슬며시 상궁을 쳐다보았어요.

"그러니 이 두꺼비를 보면서 나도 달나라에 사는 그 여인인양 온갖 시름을 다 잊으라는 것이오?"

"황공하옵니다."

상궁은 그저 고개만 숙일 뿐이었어요.

"궁궐에서 살다 보면 언제 어떤 어려움이 닥쳐올지 모르나 그때마다 이 두꺼비를 보며 위로를 삼으면 되겠군요."

그제야 상궁은 미소를 지으며 다시 왕비에게 말했어요.

"중전마마, 점심 식사가 다 식겠사옵니다. 어서 방으로 드시지요. 오후에도 하실 일이 많습니다."

그러자 왕비는 활짝 웃으며 교태전으로 들어갔어요.

중궁전은 흔히 구중궁궐이라고 해요. 아홉 개의 담으로 둘러싸여 있다는 뜻이지요. 그만큼 중궁전은 궁궐 안에서도 가장 깊숙한

곳에 자리 잡고 있어요. 또 중궁전 역시 임금이 쉬는 침전과 마찬가지로 지붕에 용마루가 없지요.

지금 우리가 볼 수 있는 경복궁의 중궁전인 교태전은 최근에 다시 지어진 것이에요. 원래 있던 교태전 건물은 불에 탄 창덕궁의 침전인 희정당을 다시 세운다는 이유로 1917년 일본 사람들이 강녕전과 함께 허물었지요.

교태전 뒷마당에는 아미산이라고 부르는 아름다운 정원이 있어요. 풍경이 멋있기로 유명한 중국의 산 이름을 따서 그렇게 이름

교태전과 교태전 뒷마당의 아미산 풍경이에요.

지었답니다. 하지만 산이라고 해도 조그만 언덕 정도의 높이예요. 아미산은 경복궁 경회루 앞에 있는 커다란 연못을 팔 때 나온 흙을 쌓아 만든 것이라고 해요.

꽃과 나무가 가득한 아미산의 또 다른 자랑거리는 바로 육각기둥 모양의 굴뚝이에요. 굴뚝에는 난초, 대나무, 국화, 매화, 봉황, 불가사리와 같은 동식물의 무늬가 아름답게 새겨져 있지요.

창경궁에도 중궁전이 있어요. 바로 통명전이랍니다. 최근에 복원된 경복궁의 교태전과는 달리 통명전은 150여년 전에 지어진 다음 지금까지 제 모습을 잘 지켜 오고 있어요. 그러니까 중궁전 중에서 가장 오래된 건물인 셈이에요.

한편 창덕궁의 중궁전인 대조전에는 슬픈 역사가 깃들어 있어요. 대한 제국의 마지막 황제였던 순종은 침전을 따로 두지 않고 황비와 대조전에서 함께 지냈지요. 그러던 1910년 어느 날이었어요.

우리나라를 빼앗으려는 일본 관리와 일본의 꼭두각시가 된 대한 제국의 신하가 대조전으로 함께 몰려와 옥새를 내놓으라고 윽박질렀어요. 옥새는 임금의 도장이지요.

"대한 제국은 어린아이 같은 나라요. 그러니 일본이 보호해 주겠소. 어서 여기 도장을 찍으시오."

그러자 황비는 눈물을 흘리며 순종에게 말했어요.

"폐하, 지금껏 저들의 간섭을 받기는 했으나 대한 제국을 빼앗길 수는 없습니다. 옥새는 절대로 아니 되옵니다!"

황비의 말에 화가 난 일본 관리들은 함부로 방을 뒤지기 시작했어요. 그리고 결국 황비가 옷자락에 몰래 감추어 둔 옥새를 찾아냈지요.

순종은 그 뒤로 괴로움 속에서 살아가게 되었어요.

"조상님과 백성들에게 씻을 수 없는 죄를 지었다. 부디 노력해서 나라를 되찾으라."

순종은 마지막으로 이 말을 남긴 채, 1926년 슬프게도 창덕궁 대조전에서 눈을 감고 말았답니다.

백두 낭자·한라 도령과 함께 가는 우리 궁궐 나들이

옛 모습을 되찾아야 할 경희궁

 경희궁은 창덕궁이 조선의 법궁으로 정해질 때 이궁으로 마련되어 무려 270여 년 동안이나 중요한 궁궐로 있었어요. 그러나 일제 강점기를 거치면서 경희궁은 궁궐이라고 할 수 없을 정도로 옛 모습을 거의 다 잃고 말았지요. 그럼 경희궁의 이야기를 함께 들어 볼까요?

 경희궁에는 여러 임금이 살았어요. 누구인지 알아볼까요?

옛날 경희궁 터에는 선조의 다섯 번째 아들인 정원군이 살았어요. 이곳에는 물이 솟아나는 서암이라는 바위가 있어 임금이 살기 좋은 땅이라는 소문이 있었어요. 그래서 선조를 이어 임금이 된 광해군은 이곳에 궁궐을 지었지요.

경희궁 태령전 뒤에 아직도 남아 있는 서암이에요.

경희궁에는 여러 임금이 거쳐 갔어요. 숙종과 경종이 이곳에서 태어났고, 영조와 순조, 여러 대비들도 이곳에서 살았답니다. 경종, 정조, 헌종도 이곳에서 임금의 자리에 오르는 행사를 치렀고요.

 **그런데 경희궁은 왜 그 모습을 잃게 되었나요?**

불에 탄 경복궁이 다시 세워져 법궁이 되자 창덕궁이 다시 이궁이 되었어요. 그리하여 경희궁은 이궁의 자리를 창덕궁에 내주고 한동안 빈 궁궐로 지내야 했지요. 그때 우리나라를 강제로 지배하던 일본 사람들은 빈 궁궐인 경희궁을 허물고 그 자리에 일본 학교 등을 세웠어요.

그런데 우리가 나라를 되찾은 뒤에도 경희궁은 제 모습을 쉽게 찾을 수 없었어요. 경희궁의 거의 모든 건물이 사라진데다 궁궐 터에 커다란 빌딩이 들어서기도 했거든요. 최근에 들어서야 경희궁의 정문과 금천, 정전, 편전 등이 새로 지어졌어요. 경희궁은 언제쯤 제 모습으로 돌아올 수 있을까요?

옛 모습을 만나고 싶어!

우리 궁궐 중 가장 많이 훼손된 경희궁의 모습이에요.

왕실의 웃어른이 사는 곳
대비전

"상감마마께서 오셨습니다."

상궁은 방 앞에서 조용히 여쭈고는 문을 열었어요. 정조는 방으로 들어가 어머니에게 공손히 절을 했지요.

"어마마마, 밤새 편하게 주무셨습니까?"

어머니는 흐뭇한 얼굴로 정조를 바라보았어요.

"상감도 잘 주무셨소?"

정조는 이렇게 매일 아침, 그리고 저녁에도 어머니를 꼭 찾아가 인사를 드렸어요. 한 나라의 임금이라도 부모님에게 효도하는 것은 아주 중요했거든요. 또 왕실에서는 어머니와 아들 사이라도 서로 존댓말을 했답니다.

궁궐 안에서 임금이 지내는 침전과 임금의 부모님이 지내는 대비전은 서로 멀리 떨어져 있었어요. 대비전은 임금의 부모님을 비롯해 왕실의 웃어른이 사는 곳을 말하지요. 한참이나 떨어져 있는 대비전에 찾아가는 것은 조금은 번거로운 일이기도 했어요. 하지만 정조은 꼬박꼬박 대비전을 찾아가 어머니에게 절을 올리며 문안 인사를 드렸어요.

"잠자리가 바뀌어 불편하지는 않으신지요? 새 대비전은 마음에 드십니까?"

정조의 어머니는 정조의 얼굴을 가만히 바라보았어요. 얼굴에 미소가 가득했지요.

"처음에 상감이 내가 지낼 곳을 새로 짓는다고 했을 때는 사실 조금 걱정이 되었답니다. 임금이 된 지 얼마 되지 않았으니 급하고 중요한 다른 일이 얼마나 많겠소? 하지만 건물이 완성되어 막상 지낼 곳을 옮기고 보니 상감의 뜻을 이제야 알 것 같구려."

"제 뜻이 무엇이었겠습니까?"

정조가 물었어요.

"이곳에 와서 주변을 둘러보니, 동쪽으로 바로 경모궁이 보이더군요."

정조는 어머니 얼굴의 주름을 안타까운 눈길로 바라보았어요. 왕실 안에서 아들이 임금이 되었다면 그 어머니는 마땅히 대비가 되어야 했어요. 대비란 임금의 어머니를 높여 부르는 말이지요. 하지만 정조의 어머니는 대비가 되지 못했어요.

'평생을 슬픔으로 살아오신 어머니를 어떻게 다 위로해 드릴까?'

정조의 어머니는 젊은 시절 남편을 불행하게 잃었어요. 정조의 아버지, 그러니까 어머니의 남편은 사도 세자예요.

사도 세자는 영조의 아들로 영조가 나이가 들어 건강이 나빠지자 영조를 도와 나랏일을 했답니다. 그런데 문제가 있었어요. 사도 세자와 가까운 신하들과 그렇지 않은 신하들이 서로 싸우는 일이 많았거든요.

사도 세자를 싫어하는 신하들은 영조를 찾아가 사도 세자를 모함하기도 했어요.

"전하, 큰일이옵니다. 세자 저하께서 나랏일에는 통 관심이 없고 저렇게 놀기만 좋아하시니요."

영조는 신하들끼리 서로 편을 나누어 싸우지 않도록 평생을 노력한 임금이었어요. 어떤 신하든 공평하게 대우했지요. 하지만 그러한 영조의 노력에도 신하들의 싸움은 점점 더 심해졌어요.

사도 세자를 싫어하는 신하들의 모함도 계속되었어요. 사도 세자가 빨리 왕이 되려고 몰래 나쁜 계획을 짰다는 소문까지 돌았지요. 그러자 영조도 더는 어쩔 수가 없었어요. 결국 영조는 사도 세자를 죽게 했답니다.

사도 세자의 아들인 정조는 그 사건으로 어린 나이에 어머니의 품에서 떠나야만 했어요. 정조의 어머니는 남편이 죽었기 때문에 아들을 직접 키우지 못하고 뒤로 물러나 있어야 했거든요.

정조는 왕이 되자마자 억울하게 돌아가신 아버지 사도 세자의 넋을 위로하기 위해 작은 사당을 지었어요. 그곳이 바로 경모궁이에요. 어머니가 정조에게 다시 물었어요.

"경모궁을 보며 마음을 달래라는 뜻 아니었소?"

정조는 아무 대답 없이 미소만 지었어요.

"상감의 깊은 효심은 이미 다 알고 있습니다. 이제 내 걱정 말고, 돌아가신 아버지 생각도 마십시오. 상감은 이 나라와 백성을 위해 더 많은 일을 해야 합니다. 내 말 뜻을 잘 아시겠지요?"

정조는 어머니의 말에 고개를 끄덕였어요.

정조가 어머니를 위해 지은 건물인 창경궁 자경당은 중궁전인 통명전 뒤편에 있었어요. 하지만 지금은 사라지고 소나무 숲만 남아 있지요. 그러나 이름만은 잘 전해져 경복궁

의 대비전 역시 이 이름을 따 자경전이라고 했답니다. 자경이라는 말은 '왕실의 웃어른에게 좋은 일이 있기를 바란다.'는 뜻이에요.

경복궁 자경전은 처음 경복궁이 지어졌을 때에는 없었어요. 임진왜란으로 불에 탄 경복궁을 다시 고쳐 지을 때 세운 건물이지요. 당시 황제였던 고종은 자신의 어머니와 할머니를 위해 이 건물을 짓도록 했어요.

경복궁 자경전의 담은 꽃담이에요. 흙을 구워 국화, 석류, 모란, 복숭화, 매화 등의 아름다운 꽃 무늬를 박아 넣은 담의 모습이 하도 예뻐서 꽃담이라고 부르지요. 뿐만 아니라 짧은 벽돌을 잘 맞추어 좋은 뜻을 가진 글자들을 담에 새기기도 했어요.

자경전 뒤뜰에는 큰 굴뚝도 있어요. 여러 개의 벽돌을 쌓아 만든 굴뚝이지요. 여기에도 아름다운 무늬가 새겨져 있어요. 바위와 구름, 해, 소나무, 대나무, 불로초, 연꽃, 포도, 국화, 사슴, 학, 거북, 오리 등 오래 산다는 십장생의 모습이 병풍처럼 펼쳐져 있답니다. 모두 건강하게 오래 살고 복이 가득하기를 비는 뜻이 담겨져 있지요.

아마 이곳에 살던 왕실의 웃어른들은 담과 굴뚝의 무늬들을 볼 때마다 임금의 효심이 떠올라 기분이 한결 좋아졌을 거예요.

경복궁 자경전 꽃담의 모습이에요.

지붕에도 재미있는 조각들이 있어요. 이 조각들은 대비전인 자경전뿐만 아니라 근정전, 사정전, 강녕전이나 교태전 지붕에도 있지요. 자세히 보면 재미있는 동물 모습 같기도 한 이 장식을 잡상이라고 해요.

잡상은 보통 중요한 건물일수록 개수가 많답니다. 경회루에는 무려 11개가 있고, 근정전과 강녕전, 교태전에는 7개가 있어요. 그리고 자경전에는 5개의 잡상이 있지요.

이 잡상이 생겨나게 된 이야기는 먼 옛날 중국 당나라 때로 거슬러 올라가요. 당나라 태종은 밤마다 무서운 꿈에 시달렸대요. 꿈이 얼마나 무서웠는지 태종의 이마에 식은땀이 송글송글 맺히기까지 할 정도였지요.

　신하들은 궁궐에 나쁜 잡귀가 들끓어 이런 꿈을 꾼다고 생각했어요. 그래서 지혜롭고 무술이 뛰어난 신하들을 뽑아 궁궐 문을 지키게 했지요.

　그 뒤 사람들은 궁궐 건물을 지을 때 중국의 오래된 소설인《서

유기》에 나오는 주인공들을 흙으로 빚어 구워 지붕을 장식했어요. 잡상을 잘 살펴보면 삼장 법사 뒤로 손오공, 저팔계, 사오정이 줄지어 서 있는 모습이라는 것을 알 수 있을 거예요.

　우리 조상들도 궁궐 건물을 지을 때 나쁜 기운을 막기 위해 이렇게 지붕을 잡상으로 꾸몄답니다.

　창덕궁의 대비전은 정확하게 알려져 있지 않아요. 지금의 함원전 자리에 있던 집상전이었을 거라고만 전해질 뿐이지요. 또한 창경궁에서는 경춘전이 대비전 역할을 했다고 알려진답니다.

백두 낭자·한라 도령과 함께 가는 우리 궁궐 나들이

고종 황제와 명성 황후가 혼례를 올린 운현궁

조선의 임금은 보통 아버지 임금의 맏아들로 궁궐에서 태어나 왕세자를 거쳐 임금의 자리에 올라요. 하지만 그렇지 않은 때도 있었어요. 고종처럼 말이에요. 고종은 임금이 되기 전 궁궐 밖에 살았는데, 그 집이 바로 오늘날 서울 종로구 운니동에 있는 운현궁이지요. 그럼 운현궁에 어떤 역사가 숨어 있는지 함께 알아볼까요?

고종이 태어나고 자랐다는 운현궁의 역사를 살펴볼까요?

임금이 궁 밖에서 태어나거나 자랐을 경우, 임금이 살았던 옛날 집을 '잠저'라고 해요. 잠저는 대개 궁으로 높여 나라에서 보호했지요.

운현궁은 조선 시대 대표적인 잠저예요. 이곳은 고종의 아버지인 흥선 대원

> 고종의 어머니가 머물렀던 운현궁의 이로당이에요.

군이 살던 집으로, 고종 역시 운현궁에서 태어나 열두 살이 될 때까지 이곳에서 지냈지요. 운현궁은 고종이 임금이 되기 전부터 왕이 태어날 기운을 가진 집터라는 소문이 나돌았대요.

운현궁은 원래 작은 한옥이었지만, 고종이 임금이 되고 흥선 대원군의 힘이 세지면서 점점 규모가 커지고 화려해졌어요. 특히 운현궁 주위 담장과 4개의 대문이 얼마나 웅장했던지 마치 궁궐처럼 엄숙했다고 해요.

하지만 지금은 흥선 대원군이 주로 지내던 사랑채와 노안당, 집안 잔치가 열리던 노락당 정도만이 남아 있답니다.

 고종 황제와 명성 황후는 운현궁에서 혼례를 올렸어요.

운현궁에서 가장 중심이 되는 건물은 노락당이에요. 이곳은 주로 잔치나 큰 행사를 여는 데 쓰였는데, 고종 황제와 명성 황후의 혼례도 노락당에서 아주 화려하게 열렸지요. 고종의 혼례가 법궁이 아닌 운현궁에서 열린 것을 보면, 당시 고종을 대신해 나라를 다스리던 흥선 대원군의 힘이 얼마나 대단했는지 짐작할 수 있어요.

운현궁에서 고종 황제와 명성 황후의 혼례를 재현하고 있어요.

새 임금이 될 왕세자가 머무는 곳
동궁전

"원자마마, 오늘부터는 스승님과 함께 공부를 하실 것이옵니다. 자, 스승님께 먼저 인사를 드리러 가시지요."

오늘은 어린 원자가 처음으로 스승을 만나는 날이에요. 원자는 임금의 아들 중에서도 맏아들을 가리켜요. 온 백성의 기대 속에서 자라나는 원자는 세 살이면 공부를 시작해야 했지요.

어린 원자는 아장아장 계단을 올라 스승이 기다리고 있는 곳으로 갔어요.

"원자마마, 오늘은 먼저 소학 공부부터 하겠습니다."

하지만 어린 원자는 수염이 허연 할아버지 스승을 보고 놀라 울음을 터뜨리고 말았답니다.

"무서워, 앙앙!"

다정한 어머니와 할머니, 얼굴이 익숙한 상궁과만 지내다가 낯선 할아버지 스승을 보니 갑자기 겁이 났던 것이지요.

"원자마마! 어디를 가시옵니까?"

원자는 부리나케 궁궐 마당으로 뛰어 도망갔어요. 내관은 도망가는 원자를 뒤쫓아 가느라 정신이 없었지요.

하지만 이처럼 세 살짜리 어린 아이였던 원자는 어느새 자라 임금의 자리를 이을 의젓한 왕세자가 돼요. 보통 여덟 살 정도가 되면 왕세자가 되는 행사를 치른답니다.

그리고 이때부터는 궁궐 안 동쪽에 자기만의 거처를 두고 따로 살게 되지요. 이곳을 동궁전이라고 해요.

왕비를 중궁이나 중전이라고 부르는 것은 중궁전에 사는 왕비라는 뜻이에요. 마찬가지로 동궁전에 사는 왕세자는 동궁이라고 불렀답니다.

그런데 왜 왕세자는 궁궐 안 동쪽에 살았을까요? 하루가 시작될 때 해가 어느 쪽에서 뜨는지 생각해 보세요. 바로 동쪽이에요. 그러니까 아침에 해가 뜨는 것처럼 왕세자는 새로운 한 세상을 열어

갈 중요한 사람이라는 뜻이지요.

동궁은 다른 말로 춘궁이라고도 하는데, 봄을 나타내는 한자인 '춘' 자를 붙인 말이에요. 봄은 한 해를 시작하는 계절인데다 가을에 풍성한 열매와 곡식을 얻기 위해 부지런히 준비를 해야 하는 시기예요. 춘궁이라는 이름 속에는 이처럼 왕세자가 앞으로 좋은 임금이 되도록 부지런히 학문을 닦고 열심히 노력하라는 뜻이 담겨 있어요.

왕세자가 해야 할 일 중 가장 중요한 것은 공부였어요. 한 나라의 임금이 된다는 것은 쉬운 일이 아니지요. 그래서 어릴 때부터 현명한 임금이 되기 위한 소양을 열심히 닦았답니다.

조선의 왕세자가 어떻게 하루를 보냈는지 궁금하지 않나요? 우리 함께 살펴볼까요?

왕세자는 동이 트기도 전에 일어나 옷매무새를 바르게 하고 하루를 시작할 준비를 해요. 그러면 신하는 왕세자가 오늘 해야 할 일들을 하나씩 말해 줘요.

"세자 저하, 상감마마께 아침 문안 인사를 가시지요."

"세자 저하, 이제 상감마마의 수라상을 살펴보시지요."

왕세자는 아침 일찍 부모님에게 문안 인사를 드리는 것은 물론

부모님이 드실 아침 식사를 미리 살피고, 부모님이 드시는 모습까지 지켜보았어요. 그러고 나면 내관이 이어서 해야 할 일을 왕세자에게 말해 줘요.

"세자 저하, 아침 공부를 시작하시지요."

"저하, 점심 드시지요."

"점심을 드셨으니 이제 또 공부하러 가시지요."

저녁이 되면 왕세자는 부모님의 저녁 수라상을 살폈어요. 하지만 아직도 왕세자의 하루는 끝나지 않았어요.

"저하, 상감마마께 저녁 문안 인사를 가셔야지요?"

임금이 어머니인 대비에게 매일 문안 인사를 드리듯이 왕세자 역시 부모님에게 매일 아침저녁으로 빠지지 않고 문안 인사를 드렸답니다.

이렇게 부모님이 계신 침전에까지 다녀오면 벌써 밤이 깊어져 있었어요. 하지만 왕세자는 동궁전에 돌아와서도 바로 잠자리에 들지 않고 밤늦게까지 공부를 더 하기도 했답니다.

왕세자가 항상 혼자만 공부했던 것은 아니에요. 왕세자가 지내는 동궁전 곁에는 왕세자의 공부를 도와주는 세자시강원이 있었어요. 세자시강원은 학문이 뛰어난 학자들이 모인 곳으로 왕세자를 가르치는 학교나 마찬가지였지요.

왕세자는 다른 학생들처럼 시험도 봤어요. 시험 점수가 나쁘게 나오면 아버지인 임금에게 꾸지람을 듣기도 했지요.

조선의 왕세자들은 대부분 공부를 열심히 했답니다. 하지만 온종일 공부만 하기에는 너무 어린 나이이기도 했어요. 그래서 세자시강원 스승들은 학문뿐만 아니라 왕세자의 생활 습관과 태도에도 신경을 썼지요.

"세자 저하, 아까 낮에 대체 어딜 가셨던 것입니까? 공부 시간인 것을 잊으셨습니까?"

막 저녁을 먹고 동궁전에서 잠시 쉬던 왕세자에게 세자시강원의 책임자인 영의정과 좌의정이 찾아와 물었어요.

"참새 두 마리가 자꾸 뜰에서 짹짹거리며 나를 약 올리는 것이 아니겠어요? 새총을 만들어 새들을 쫓아다니다 보니……."

그러자 영의정은 한숨을 쉬었어요.

"세자 저하는 장차 이 나라의 임금이 되실 분입니다. 백성들을 잘 보살피려면 알아야 할 것도 많고, 배워야 할 것도 많습니다. 그런데 글 읽는 시간에 밖에 나가 장난을 치시다니, 그럼 이 나라가 어찌 되겠습니까?"

좌의정도 말했어요.

"저하, 부디 글공부에 더 노력해 주십시오."

"걱정 마세요. 글공부에 더욱 힘쓸게요."

왕세자는 자신 있게 대답했지만 영의정과 좌의정은 조금 걱정스러웠어요. 두 사람은 동궁전을 나서며 이야기를 나누었지요.

"저토록 장난치기를 좋아하시니……."

"너무 걱정은 마십시오. 건강하시고 영특하시니 앞으로 훌륭한 임금이 되실 겁니다. 아직 나이가 어리시니 좀 더 의젓해지실 때까지 기다려 보지요."

"그 말씀이 맞습니다. 허허허."

어때요? 현명하고 위엄 있는 임금이 이런 어린 시절도 있었다고 생각하면 재미있지 않나요?

그런데 임금에게는 왕세자 말고도 다른 자식들도 있었어요. 임금은 보통 혼인을 여러 번 했기 때문에 자식이 많은 편이었지요. 그렇다면 왕세자를 제외한 다른 왕자들과 공주들은 어떻게 생활했을까요?

임금의 자리를 물려받을 왕세자가 정해지고 나면 다른 왕자들은 궁궐 밖에 마련된 집으로 옮겨 갔어요. 또 공주들은 열세 살만 되어도 모두 결혼해 궁궐에서 나갔지요.

이처럼 다른 왕자와 공주를 궁궐 밖에서 살게 한 것은 임금이 될 왕세자를 보호하고, 왕세자의 위엄을 더욱 세워 주기 위해서였을 거라고 생각돼요.

그럼 오늘날 여러 궁궐에 남아 있는 동궁전에는 어떤 곳이 있는지 살펴볼까요?

경복궁의 동궁전은 자선당과 비현각이에요. 착한 성품을 기른다는 뜻의 이름인 자선당에서는 왕세자와 왕세자의 아내 세자빈이 살았어요. 비현각은 왕세자가 공부를 하던 곳이고요. 비현각이라는 이름은 아주 밝다는 뜻이지요. 비현각 곁에는 세자시강원과 함께 세자익위사가 있었어요. 세자익위사에는 왕세자와 세자빈을 안전하게 지키는 군사들이 머물렀어요.

그러나 경복궁 동궁전은 일본에 의해 대부분 헐리고 훼손되어 지금은 많은 곳이 빈터로만 남아 있어요. 경복궁의 자선당과 비현각은 다행히 최근에 복원되었고요.

창덕궁의 동궁전에도 원래 건물이 여럿 있었어요. 하지만 정조

가운데가 삼삼와, 오른쪽이 승화루예요.

가 지은 동궁전인 중화당은 이제 그 터만 겨우 남아 있지요. 다행히 왕세자가 도서실로 이용했던 승화루와 책을 보관하던 삼삼와는 지금도 만날 수 있어요.

경복궁이나 창덕궁에 가면 동궁전 자리에 한번 서 보세요. 책과 씨름하며 학문에 힘쓰던 똘똘한 꼬마 왕세자의 모습이 떠오를지도 모른답니다.

백두 낭자·한라 도령과 함께 가는 우리 궁궐 나들이

잘 살펴보면 더 재미있는 궁궐의 이모저모

우리 궁궐은 크고 엄숙하지만 궁궐 구석구석을 잘 들여다 보면 아기자기하고 재미난 모습도 찾을 수 있어요. 불귀신 전설이 전해 내려오는 드므나 하늘의 기운을 담는 정, 궁궐의 잡귀를 몰아내는 잡상 같은 것들이지요. 그럼 궁궐 안에 어떤 재미난 것들이 더 있는지 두 눈을 크게 뜨고 찾아볼까요?

궁궐의 가장 중심인 정전을 꼼꼼히 살펴볼까요?

정전 앞쪽 바닥에 깔린 넓적한 돌에는 쇠고리가 박혀 있어요. 무엇에 쓰던 것일까요? 정전에서는 큰 행사가 자주 열렸어요. 그런 날 햇볕이 너무 따갑거나 비가 올 때는 정전 앞에 쇠기둥을 세우고 흰 천을 천막처럼 쳤지요. 그러니

부시

삼지창

고리

삼지창도 새들이 앉지 못하게 만든 것이에요.

까 이 쇠고리는 천이 움직이지 않게 단단히 묶어 두는 것이에요.

건물의 이름이 쓰여 있는 편액 밑에도 고리가 있어요. 여름에 문을 위로 올려 고리에 걸면 금세 바람이 잘 통하는 대청마루가 되었지요.

또 처마 밑에는 그물망이 쳐 있어요. 바로 부시예요. 비둘기나 제비는 처마 밑에 둥지를 틀기 좋아하는데, 그러면 새똥 때문에 건물이 더러워졌어요. 새소리가 시끄럽기도 하고요. 그래서 새들이 오지 못하게 만든 것이랍니다.

 **계단에도 재미난 비밀이 숨겨져 있어요!**

경복궁 근정전이나 창덕궁 인정전처럼 중요한 건물 앞 계단 한가운데는 마치 미끄럼틀 같은 것이 있어요. 이것은 답도예요. 바로 임금만이 지날 수 있는 계단이지요. 그런데 미끄럼틀처럼 기울어진 답도를 오르려면 너무 힘들지 않았을까요? 그런 염려는 하지 않아도 돼요. 왜냐하면 임금은 가마를 타고 이곳을 올랐거든요.

한가운데가 임금만이 지날 수 있는 답도예요!

어느 조용한 밤이었어요.

'아바마마, 어찌하면 좋을까요?'

효종은 돌아가신 아버지 인조가 그려진 그림을 바라보고 있었어요. 그림 속 인조의 얼굴에는 위엄이 서려 있었지요.

'아바마마가 살아 계셨더라면 저를 나무라셨겠지요? 신하도 제대로 알아보지 못하면서 어찌 백성을 지키겠느냐고요.'

효종이 왕세자였을 때 조선은 중국 청나라와 큰 전쟁을 치렀어요. 조선은 이 전쟁에서 청나라에게 지고 말았지요. 이 일로 왕세자였던 효종은 청나라에 잡혀가 8년 동안이나 그곳에서 지내야 했어요. 그러니 아버지 인조나 이어서 임금이 된 효종 모두 청나라에 대한 원한이 깊었지요.

'아바마마의 뜻을 받들어 저 역시 청나라를 벌주려 노력했습니다. 그런데 어리석은 저의 신하가 청나라의 꼬임에 넘어가 그만 제 계획을 모두 알려 버렸으니……'

효종은 오랫동안 청나라 몰래 군사를 기르고 있었어요. 마음은 당장 청나라를 혼내 주고 싶었지만 오랜 전쟁으로 지친 백성들을

먼저 추슬러야 하니 아직은 전쟁할 때가 아니라고 생각했지요.

마침 바람이 살며시 불어와 촛불이 흔들렸어요. 불빛이 어른거리자 그림 속 인조의 눈빛은 살아 있는 듯 총총 빛났지요. 마치 효종에게 용기를 북돋아 주려는 것처럼 말이에요.

그제야 효종의 얼굴에 잔잔한 미소가 번졌어요.

'네, 아바마마. 아바마마가 제게 하고 싶으신 말씀이 무엇인지 이제야 알 것 같습니다.'

효종은 입술을 굳게 다물었어요.

'아무리 힘든 일이 생겨도 여기서 멈출 수는 없다. 처음부터 다

시 시작해 보자!'

　효종은 자기도 모르게 주먹을 불끈 쥐었어요.

'우선 내 마음을 숨기고 청나라 사신을 잘 대접해야겠다. 뒷날을 위해서 말이야. 언젠가 꼭 아바마마와 나의 꿈을 이루리라.'

　효종이 돌아가신 아버지 인조의 모습을 보며 생각에 잠긴 이곳은 바로 선원전이에요. 선원전은 돌아가신 임금의 모습을 그린 그림을 보관하는 곳이지요.

　돌아가신 임금의 위패를 모셔 두고 제사를 지내는 곳은 종묘예요. 하지만 종묘는 궁궐 밖에 있어서 자주 갈 수가 없었어요. 그

래서 궁궐 안에서도 조상들의 넋을 기릴 수 있도록 선원전을 두었지요.

조선 시대에 조상을 정성껏 섬기는 일은 임금부터 백성들까지 누구나 소중히 여기는 가치였어요. 그러므로 선원전은 궁궐 안에서도 무척 중요한 곳이었지요. 임금이 사는 궁궐에 문제가 생겨 임금이 다른 궁궐로 옮겨 가게 될 때에는 선원전의 그림부터 먼저 잘 챙겨 나섰답니다.

선원전에서는 매달 초하룻날과 보름날, 또 돌아가신 임금의 생일에 간단한 제사를 지냈어요. 하지만 임금은 꼭 그런 날이 아니어도 돌아가신 웃어른이 그리울 때나 걱정거리가 있을 때, 혼자 깊은 생각에 잠기고 싶을 때에도 선원전을 찾곤 했어요.

조선의 임금은 자신의 모습을 담은 그림을 많이 남겼어요. 임금의 모습을 그린 이러한 그림을 어진이라고 하지요. 임금은 5년이나 10년에 한 번쯤은 화공을 시켜 어진을 그리게 했어요. 조선을 세운 태조의 어진은 무려 26장이나 된다고 해요.

어진을 그린 사람들은 조선에서 가장 뛰어난 화공들이었어요. 그럼 조선에서 가장 유명한 화공 이야기를 들어 볼까요?

정조가 조선을 다스리던 어느 날이었어요.

"전하, 임금의 자리에 오르신 지도 벌써 다섯 해가 넘었습니다. 어진을 그리도록 허락해 주시옵소서."

"음, 그렇다면 누가 그리면 좋겠소?"

"지금 궁궐 화공 중에서 가장 뛰어난 이는 김홍도입니다."

"김홍도라……. 그렇게 하시오."

신하들은 그림을 그리기 가장 좋은 날을 골랐어요. 그리고 마침내 정조를 그릴 화공 김홍도가 찾아왔어요. 정조는 고개를 갸우뚱했어요.

"언젠가 자네를 한 번 만났던 것 같군."

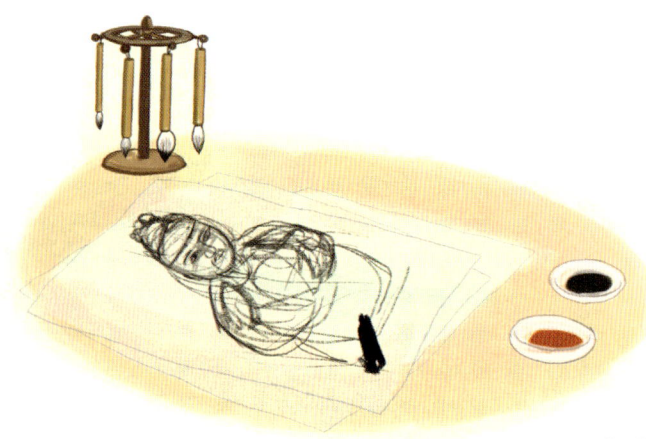

김홍도는 공손히 고개를 숙이며 대답했어요.

"10년 전, 세자 저하이실 때 전하의 모습을 그린 적이 있사옵니다."

정조는 그제야 환하게 웃었어요.

"아! 그림이 아주 마음에 들었었지. 색의 짙고 옅음, 밝고 어두움만으로도 살아 움직이는 느낌이 났었소."

정조는 김홍도가 다시 자신을 그리게 되어 무척 기뻤어요. 여러 날이 지나 드디어 그림이 완성되었어요.

"역시 하늘이 내린 재주로군."

정조는 완성된 어진이 아주 만족스러워 김홍도에게 상을 주고 싶었어요. 그래서 김홍도에게 소원을 말해 보라고 했지요. 김홍도는 조금 망설이다가 입을 열었어요.

"전하, 아뢰옵기 황공하오나 저는 궁궐 밖으로 나가 마음껏 그림을 그리고 싶습니다. 전하의 어진을 그리는 것은 제게 더할 나위 없는 영광이옵니다. 하지만 백성들이 자유롭고 재미나게 살아가는 모습도 그려 보고 싶습니다."

이 대화를 함께 듣고 있던 다른 신하들은 깜짝 놀랐어요. 이런 말을 하는 김홍도가 상을 받기는커녕 벌을 받을 줄 알았지요.

하지만 가만히 듣던 정조는 고개를 끄덕였어요.

"내 허락하겠네. 그래도 내가 언제든 자네를 필요로 할 때면 달려올 수 있겠는가?"

김홍도는 기뻐서 얼른 절을 올렸어요.

"그러겠사옵니다, 전하!"

이 일이 있은 뒤로 김홍도는 정조의 명령으로 몰래 일본에 가서 지도를 그려 오기도 하고, 책에 들어갈 그림을 그리기도 했어요.

하지만 아낙네들이 빨래를 하는 모습이라든가, 춤을 추고 노래를 부르는 무동의 모습, 장사들이 씨름하는 모습 등 백성들이 자유롭게 살아가는 모습도 실컷 그렸어요. 그 그림들은 아주 유명해져 오늘날까지 전해진답니다.

하지만 김홍도가 그린 정조의 어진이나 다른 많은 임금들의 어진은 지금까지 남아 있는 게 거의 없어요. 여러 차례 전쟁을 거치면서 몇몇을 제외하고는 모두 불에 타 버렸거든요. 그래서 지금은 단 한 점의 어진도 없이 텅 비어 있는 선원전이 많아요.

창덕궁에 있는 선원전도 마찬가지예요. 그런데 창덕궁에는 선원전이 두 곳이나 있답니다. 원래 있던 것 말고도 새 선원전이 구석진 곳에 또 하나 더 지어져 있지요. 어찌 된 일일까요?

일본이 조선을 한참 넘보던 때, 조선의 임금이 조상으로부터 용기와 지혜를 얻는다는 사실을 알게 된 일본 사람들은 그것을 방해하려고 했어요. 그래서 원래 선원전을 비우게 하고 임금의 침전에서 멀리 떨어진 곳에 새 선원전을 짓도록 했지요.

원래 창덕궁 선원전 곁에는 진설청, 내찰당, 양지당, 연경문, 숭안문 등 수많은 부속 건물과 문이 있었어요. 하지만 지금 남아 있는 선원전의 규모는 그리 크지 않아요.

임금의 어진을 모시던 창덕궁 선원전의 모습이에요.

　또한 경복궁과 덕수궁의 선원전은 아예 사라졌어요. 그리고 그 자리에 다른 건물이 들어서 버렸답니다. 경복궁의 국립 민속 박물관 자리가 바로 옛 선원전 터예요. 덕수궁의 선원전 터에는 학교와 다른 나라의 대사관이 들어섰지요.

　경희궁의 선원전인 태령전은 옛날 영조의 어진을 모셔 두던 곳이었어요. 이곳 역시 일제 강점기에 파괴되었지만 최근에 다시 지어져 지금은 그 모습을 만날 수 있답니다.

백두 낭자·한라 도령과 함께 가는 우리 궁궐 나들이

나라를 위해 제사를 지내던 종묘와 사직단

조선을 세운 태조는 궁궐의 동쪽에는 조상을 모시는 종묘를, 서쪽에는 땅의 신과 곡식의 신을 모시는 사직단을 세웠어요. 종묘와 사직단은 나라의 평안을 비는 제사를 지내는 중요한 곳이었지요. 그중 종묘는 유네스코 세계 문화유산으로도 지정되었답니다. 함께 구경해 볼까요?

종묘와 사직단의 모습을 구경해 볼까요?

종묘는 조선의 임금과 왕비, 나라에 큰 공을 세운 신하가 죽으면 그 위패를 모시던 사당이에요. 위패란 죽은 사람의 이름을 적은 나무인데, 종묘에서는 위패를 둔 건물이 가장 중요했지요. 바로 정전과 영녕전 등이에요.

시간이 흐르자 위패를 모셔야 할 왕과 왕비의 수도 늘어났어요. 그에 따라 정전도 한 칸씩 늘어 지금은 모두 19칸에 이르러요. 조선 왕조의 역사와 정신

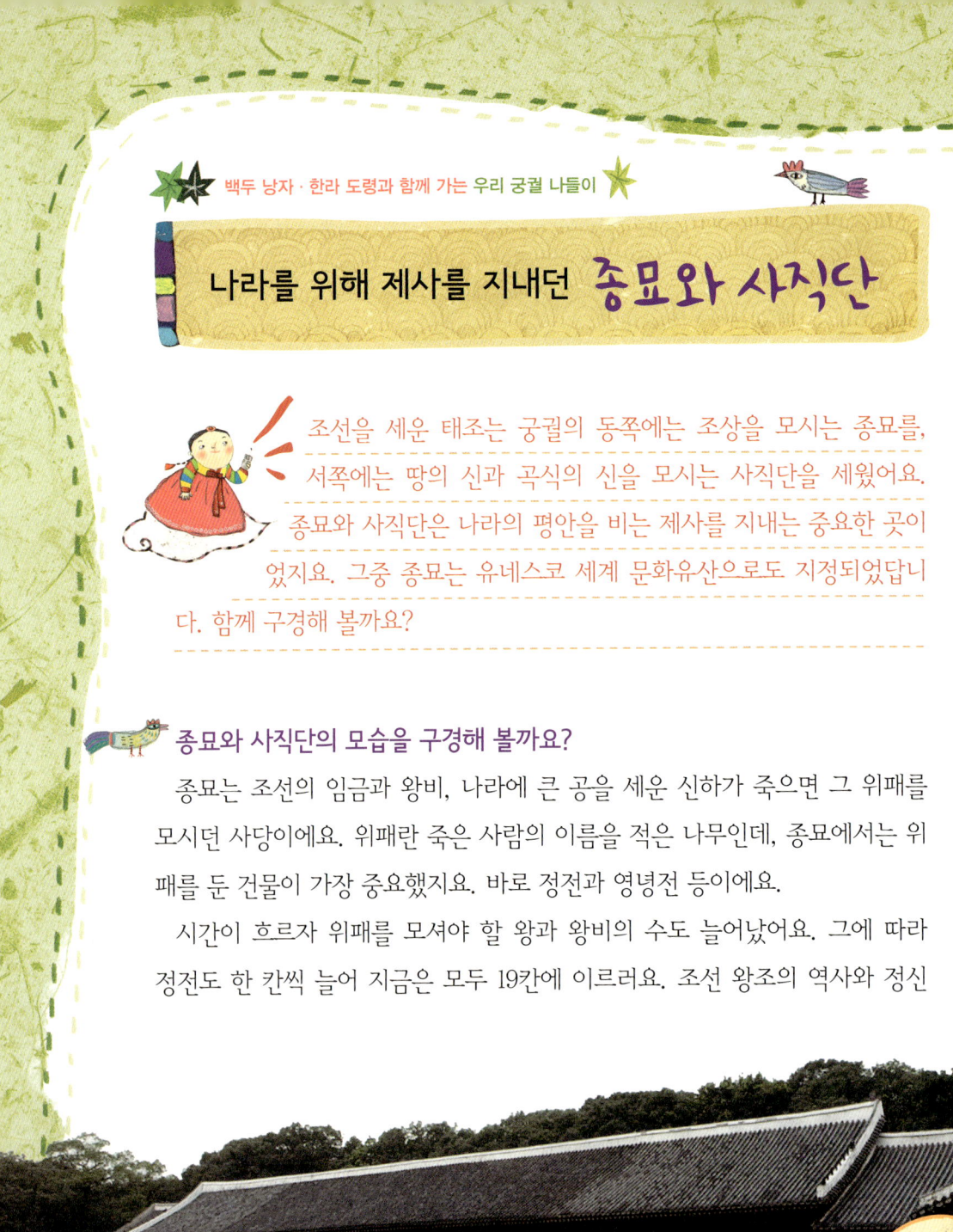

종묘의 정전은 규모가 커 매우 웅장한 느낌이 들어요!

이 살아 숨쉬는 종묘는 유네스코 세계 문화유산으로도 정해졌답니다.

한편 사직단은 백성들의 평안과 풍년을 비는 제사를 올리는 곳이었어요. 비가 오랫동안 오지 않아 가뭄이 들어도 이곳에서 제사를 지냈답니다.

 **종묘에서 열리는 종묘 제례도 귀중한 세계 유산이에요!**

임금은 한 해가 시작되는 날과 각 계절이 시작되는 달에 종묘에서 제사를 올렸어요. 나라에 기쁜 일이나 어려운 일이 생길 때에도 제사를 지냈지요. 이것을 종묘 제례라고 해요. 제례 때는 종묘 제례악이 연주되었지요.

종묘 제례 역시 그 가치를 인정받아 유네스코 세계 무형 유산으로 지정되었답니다.

사직단은 서울 종로구 사직 공원에 있어요.

종묘 제례악은 기품 있는 춤과 음악이 어우러져 있어요.

임금과 임금 가족들의 쉼터
후원

"아, 나도 경회루를 한 번만 구경할 수 있다면……."

구종직은 집현전에서 일하던 학자였어요. 높은 벼슬은 아니었지만 학문을 열심히 닦고 나랏일도 잘하던 성실한 신하였지요. 어느 깊은 밤, 구종직은 혼자 집현전을 지키다가 문득 경회루 생각이 났어요.

'조선의 제일가는 누각이 경회루라는데, 여태 들어가 보지도 못했네. 외국에서 사신이 올 때나 전하께서 높은 벼슬아치들과 어울릴 때에만 잔치를 벌이는 곳이니…….'

구종직은 꾀가 나서 밖으로 나가 경회루 쪽으로 가 보았어요.

'아무도 안 볼 때 살짝 들어가 볼까?'

그러고는 경회루 담을 훌쩍 넘어 경회루 안으로 들어섰어요.

"와! 정말 멋지구나!"

구종직은 달빛이 은은히 비치는 연못가를 거닐며 풍경을 마음껏 즐겼어요.

그런데 이게 웬일인가요? 마침 산책을 나온 임금과 딱 마주치게 된 것이었어요. 구종직은 코가 땅에 닿도록 고개를 숙이고는

용서를 빌었어요.

"이곳이 함부로 들어오면 안 되는 곳인 줄 몰랐느냐?"

임금이 물었어요.

"경회루가 아름답다는 말을 많이 들어온 터라 저도 모르게 그만……. 죽을죄를 지었습니다."

"허허허. 네가 아름다운 것을 무척 좋아하는 모양이구나. 그럼

이 경치에 어울리는 노래를 한 자락 불러 보거라."

　화를 낼 줄 알았던 임금이 웃자 구종직은 슬그머니 용기가 났어요. 구종직은 제일 자신 있는 노래를 골라 신 나게 불렀어요.

"배짱이 두둑해 좋구나. 그런데 학문은 게을리하고 노래만 부르기 좋아하는 것은 아니더냐?"

　임금이 묻자 구종직은 자신 있게 공자가 지은 역사책인 《춘추》를 술술 외우기 시작했어요.

"허허허. 네가 노래만큼 학문도 열심히 닦았구나. 씩씩하고 학문도 깊으니 앞으로 내 곁에서 큰일을 할 수 있겠다."

　임금은 구종직에게 새 벼슬을 주었어요. 임금에게 혼이 날 줄만 알았던 구종직은 임금의 너그러운 은혜에 감격해 그 뒤로 임금을 더욱 받들며 학문에 힘썼다고 해요.

　구종직이 몰래 담을 넘어서라도 구경하고 싶어 했던 아름다운 경회루는 경복궁에 있는 누각이에요. 흰 돌기둥이 지붕을 떠받치고 있는 커다란 건물이지요.

경회루 앞에는 경회지라고 부르는 커다란 연못이 있어요. 경회루에서 경회지로 이어지는 돌다리도 있지요. 옛날에는 이곳 경회지에서 뱃놀이도 할 수 있었답니다.

옛날 임금과 임금의 가족은 백성들처럼 산이나 들로 바람을 쐬러 가거나 나들이하는 일이 흔치 않았어요. 궁궐 바깥으로 외출하는 것조차도 쉽지 않았지요. 하지만 임금에게도 휴식은 필요했어요. 그래서 마련된 곳이 궁궐의 뒤뜰인 후원이에요.

경회루처럼 손님을 맞이하거나 신하와 잔치를 벌이는 곳도 후원이라고 했지만 후원은 본래 임금과 임금의 가족이 마음 편하게 쉴 수 있게 하는 곳이었어요. 그런데 경복궁 후원의 원래 모습은 오늘날 우리가 보는 모습과는 조금 달라요.

옛 경복궁의 후원은 지금보다 훨씬 넓었어요. 교태전 뒤에서 북악산 골짜기까지가 모두 후원이었지요. 지금은 향원정과 그 앞 연못만이 임금 가족의 휴식처 모습을 간직한 채 남아 있어요.

향원정 북쪽에는 열상진원이라는 샘물이 있어요. 산에서 흘러나와 고인 이 물이 향원정의 연못을 이루고, 다시 흘러 경회루 연

경회루 북쪽에 있는 아담한 정자인 향원정이에요.

못을 지나 경복궁의 금천이 되지요.

또한 경복궁 후원에는 융문당, 융무당과 같은 아름다운 정자도 있었어요. 임금이 군사들의 훈련을 지켜보는 경무대도 있었지요.

그리고 재미있는 곳이 또 있는데, 바로 내농포라고 부르는 임금의 논이에요.

조선 시대 백성 대부분은 농사를 지으며 살았어요. 농사가 잘되어야 온 백성이 편안하게 살 수 있었으니 농사는 무엇보다 중요한 일이었지요. 그래서 임금은 내농포라는 논에 나와 직접 모를

심고 추수를 했어요. 백성들의 생활을 잘 이해하고, 백성들에게 좋은 본보기를 보이기 위해서였지요.

 경복궁 후원이 제 모습을 많이 잃은 데 비해, 창덕궁 후원은 옛날의 아름다움을 잘 간직하고 있어요. 오래된 정자와 깨끗한 자연의 멋이 지금까지 조화롭게 어우러져 이어져 오고 있지요.

창덕궁 후원에는 모두 28개의 정자와 6개의 연못이 있어요. 그 중 대표적인 정자인 부용정은 마치 사람이 두 다리를 연못에 담그고 쉬는 듯한 모습을 하고 있어 보기에도 참 시원해요.

부용정이 세워져 있는 연못인 부용지 가장자리 돌벽에는 금방이라도 물을 차고 튀어 오를 듯한 잉어의 모습이 조각되어 있어요. 또 부용정 맞은편 어수문으로 가는 계단에는 구름이 새겨져 있지요.

이 조각들은 아무 뜻 없이 그냥 새겨진 것이 아니랍니다. 예부터 물 위로 가장 힘차게 튀어 오르는 잉어는 용이 된다는 전설이 있어요. 그 용은 구름을 뚫고 하늘로 오른다고 해요. 그러니 이 조각은 하늘로 솟아오르는 용처럼 뛰어난 신하를 키우려던 임금의 뜻을 상징하지요.

실제로 어수문을 지나면 규장각으로 쓰였던 주합루가 있어요. 규장각은 정조가 똑똑한 신하를 기르기 위해 만든 도서관이에요. 또 과거 시험장으로 쓰이던 영화당도 이곳에 자리 잡고 있지요.

이 밖에도 창덕궁 후원에는 효명 세자가 책을 읽을 때 즐겨 찾던 의두각과 기오헌, 연꽃이 아름다운 애련정, 한 번만 지나가도 늙지 않는다는 불로문, 한반도 모양의 연못인 반도지, 부채꼴 모

부용정   불로문

창덕궁 후원은 자연과 조화롭게 어우러져 있어요.

양의 관람정, 정자 두 개가 포개어진 듯한 모습의 존덕정 등 수많은 쉼터가 숨어 있어요.

하지만 창덕궁 후원에서 가장 아름답기로 손꼽히는 곳은 옥류천일 거예요. 고요한 숲 속에서 흐르는 옥류천의 맑은 물은 보는 사람의 마음까지 평화롭게 해요. 또 옥류천 옆에는 임금이 농사를 짓던 작은 논도 있었어요. 청의정은 그 논에서 거둔 볏짚으로 지붕을 이은 정자이지요.

창경궁 후원에는 춘당지라는 연못이 있어요. 지금은 연못 곁에 있던 임금의 논까지 합쳐져 넓어져 버렸지만 옛날에는 아담했답니다. 춘당지 근처 관덕정은 임금이 활을 쏘며 쉬던 정자였는데, 가을이면 단풍과 어우러져 더욱 아름답지요.

경희궁에도 후원이 있었어요. 하지만 경희궁의 다른 건물과 마

관람정   청의정

　찬가지로 그 흔적이 많이 남아 있지 않아요. 황학정이라는 정자 하나가 궁궐 터가 아닌 다른 곳에 옮겨져 있을 뿐이지요.

　덕수궁 역시 많이 훼손되어 아름다운 뜰과 정자가 있던 후원은 남아 있지 않지요. 하지만 고종이 덕수궁에서 머물던 시절 후원의 역할을 한 건물이 있었어요. 바로 정관헌이에요.

　정관헌은 이미 서양의 물건과 문화가 들어온 다음에 지어진 건물이어서 다른 궁궐의 건물과는 생김새가 달라요. 벽돌집에 테라스까지 놓여 있으니까요. 건물에는 쇠기둥을 세우고 위에 꽃무늬를 새긴 나무 조각으로 장식을 하기도 했어요.

　고종은 이곳에서 음악을 들으며 쉬거나 커피를 마시기도 했대요. 이전의 후원과 모습은 다르지만 고종이 침전으로 쓰던 함녕전 뒤에 있었으니 정관헌은 분명 덕수궁의 후원이 맞답니다.

백두 낭자·한라 도령과 함께 가는 우리 궁궐 나들이

사라져 버린 조선 이전의 궁궐

 한반도에 자리 잡았던 나라는 조선뿐만이 아니에요. 고구려, 백제, 신라, 고려 등 여러 나라가 있었지요. 하지만 조선 이전에 있던 나라의 궁궐은 아쉽게도 지금은 남아 있지 않아요. 그럼 이제 옛 나라들의 궁궐 터로 가서 웅장했던 당시 궁궐의 모습을 함께 상상해 볼까요?

압록강 주변에는 고구려의 궁궐 터가 남아 있어요.

압록강에는 국내성 터, 평양에는 안학궁성 터와 장안성 터가 남아 있어요. 그중 안학궁성 터는 다행히 지금까지 그 모습을 간직하고 있지요.

고구려가 가장 번성했을 때의 궁궐인 안학궁성의 모습을 상상한 그림이에요.

고구려 장수왕 때 지어진 안학궁성은 경복궁보다 서너 배는 더 큰 궁궐이었대요. 경복궁의 근정전 높이는 34미터인데, 안학궁성 중궁의 높이는 무려 87미터나 되었다고 하니, 어마어마한 궁궐 규모를 짐작할 수 있겠지요?

이번에는 신라와 백제, 고려 궁궐의 흔적을 찾아가 볼까요?

신라의 궁궐은 경주 월성에 있었어요. 이곳에 커다란 연못 안압지가 남아 있는 것으로 보아 신라의 궁궐도 무척 크고 화려했을 것으로 짐작돼요.

백제의 궁궐 터는 서울 한강의 몽촌토성과 충청남도 공주와 부여 등에서 그 흔적을 찾을 수 있어요.

고려의 궁궐은 지금의 개성에 있었어요. 송악산 기슭에 자리 잡았던 고려의 궁궐은 지금 남아 있는 만월대를 통해 옛 모습을 상상해 볼 수 있어요. 만월대는 돌을 쌓아 올린 축대로 그 위에 수많은 건물이 들어서 있었지요.

옛 궁궐의 모습을 통해 우리 역사와 문화를 더 잘 알 수 있는 만큼, 조선 이전에 있었던 궁궐도 계속 연구가 되어야 할 거예요.

만월대 돌계단 위로 화려한 궁궐 건물이 여럿 놓여 있었답니다.

부록

교과가 튼튼해지는
우리 것 우리 얘기

임금의 집이면서 동시에 나라 최고의 관청이었던 우리 궁궐, 잘 여행해 보셨나요?

오랜 세월 나라의 중심으로 굳건히 서 있었던 우리 궁궐은 여러 차례의 전쟁과 일제 강점기를 거치면서 지금은 옛 모습을 많이 잃었어요. 우리가 앞으로 궁궐에 더욱 많은 관심을 가져 원래 모습을 되찾을 수 있도록 노력해야겠지요?

그럼 이제 우리나라 5대 궁궐 지도를 만나 보아요. 여러분이 직접 궁궐을 찾아갈 때 도움이 될 거예요.

우리 궁궐을 직접 찾아가 보아요

경복궁, 창덕궁, 창경궁, 덕수궁, 경희궁은 우리나라 5대 궁궐로 옛날 한양을 둘러싸던 사대문 안에 모두 자리 잡고 있어요. 자, 그럼 우리 궁궐을 직접 찾아가 볼까요?

경복궁

조선 제일의 궁궐로 정문은 광화문이에요. 뒤로는 산이 있고 앞으로는 청계천이 흐르는 가장 좋은 자리에 위치해 있어요.

교통편 3호선 경복궁역, 5호선 광화문역
안내소 02-3700-3900

창덕궁

조선의 두 번째 궁궐로 경복궁을 대신해 법궁 역할을 하기도 했어요. 조선을 500년 동안이나 꾸준히 지켜 온 아름다운 궁궐이지요.

교통편 3호선 안국역, 1·3·5호선 종로3가역
안내소 02-762-8261

창경궁

창경궁은 다른 궁궐을 보조하는 역할을 했어요. 주로 임금의 가족들이 살았던 궁궐이지요.

교통편 4호선 혜화역 **안내소** 02-762-4868

덕수궁

원래 이름은 경운궁이랍니다. 대한 제국의 파란만장한 역사를 고스란히 지니고 있는 곳이지요.

교통편 1·2호선 시청역
안내소 02-771-9951

경희궁

경복궁의 서쪽에 있어 서궐이라고 불렸던 경희궁은 지금은 궁궐이라고 보기 힘들 정도로 그 모습을 많이 잃었어요.

교통편 5호선 서대문역, 5호선 광화문역
안내소 02-724-0274

경복궁을 한눈에 보아요

조선 제일의 궁궐 경복궁을 위에서 내려다본 것이에요. 정말 넓죠? 자, 이제 경복궁 지도를 보면서 책에서 읽었던 건물 이야기를 하나하나 떠올려 보세요.

1. **광화문** 해태상을 만날 수 있는 경복궁의 정문이에요.
2. **흥례문** 궁궐 안 첫 번째 문이에요.
3. **영제교** 경복궁 입구를 흐르는 금천 위에 놓인 다리예요.
4. **근정문** 근정전 바로 앞의 문이에요.
5. **근정전** 궁궐의 가장 큰 행사가 열리던 정전이에요.
6. **사정전** 임금이 주로 일하던 편전이에요.
7. **궐내각사** 신하들이 모여 일하던 곳이에요.
8. **강녕전** 임금이 잠자던 침전이에요.
9. **교태전** 왕비가 지내던 중궁전이에요.

수정전은 세종 때 집현전으로 쓰였어요.

동십자각과 서십자각은 경복궁 바깥을 망보기 위해 세운 건물이에요.

- 🟢 **10 자경전** 왕실의 웃어른이 살던 대비전이에요.
- 🔴 **11 자선당과 비현각** 왕세자가 머물던 동궁전이에요.
- 🟢 **12 선원전** 왕실 조상의 넋을 기리는 곳이에요.
- 🔴 **13 경회루** 나라의 경사가 있거나 외국 사신이 왔을 때 잔치를 벌이던 곳이에요.
- 🟢 **14 향원정** 임금이 휴식을 취하던 후원에 있는 정자예요.

〈오십 빛깔 우리 것 우리 얘기〉 시리즈
권별 교과 연계표

국 국어　**사** 사회　**과** 과학　**도** 도덕　**음** 음악　**미** 미술
체 체육　**실** 실과　**바** 바른 생활　**슬** 슬기로운 생활　**즐** 즐거운 생활

- 신 나는 열두 달 명절 이야기　**사** 3-2　**사** 5-1　**사** 5-2　**슬** 1-2
- 관혼상제, 재미있는 옛날 풍습　**국** 1-2　**국** 4-1　**사** 3-2　**사** 5-2
- 조상들은 어떤 도구를 썼을까　**국** 2-2　**사** 3-1　**사** 5-1　**사** 5-2
- 옛날엔 이런 직업이 있었대요　**국** 5-1　**국** 6-2　**사** 3-1　**사** 4-2
- 꼭 가 보고 싶은 역사 유적지　**국** 4-1　**국** 4-2　**사** 6-1　**사** 6-2
- 신토불이 우리 음식　**국** 3-1　**사** 3-1　**사** 5-1　**사** 6-2
- 어깨동무 즐거운 우리 놀이　**국** 4-1　**사** 5-2　**체** 4　**즐** 1-2
- 나라를 다스린 법, 백성을 위한 제도　**사** 3-2　**사** 4-1　**사** 6-1　**사** 6-2
- 하늘을 감동시킨 효자 이야기　**도** 3-1　**도** 5　**바** 1-1　**바** 2-2
- 오천 년 지혜 담긴 건물 이야기　**국** 4-1　**국** 4-2　**사** 5-1　**사** 5-2
- 세계가 놀란 발명 이야기　**국** 3-1　**국** 5-2　**사** 3-1　**사** 5-2
- 빛나는 보물 우리 사찰　**국** 4-1　**사** 6-2　**바** 2-2
- 나라의 자랑 국보 이야기　**국** 5-2　**사** 6-1　**사** 6-2　**바** 2-2
- 나라를 지킨 호랑이 장군들　**국** 4-2　**국** 6-1　**사** 6-1　**바** 2-2
- 오천 년 우리 도읍지　**국** 4-1　**사** 5-2　**사** 6-1
- 하늘이 내린 시조 임금님들　**국** 6-2　**사** 5-2　**사** 6-1　**바** 2-2
- 옛날 관청과 공공시설　**사** 3-1　**사** 3-2　**사** 6-1　**사** 6-2
- 옛사람들의 우정 이야기　**국** 4-1　**국** 6-2　**도** 3-1　**바** 1-1
- 얼쑤, 흥겨운 가락 신 나는 춤　**국** 6-1　**국** 6-2　**사** 3-1　**음** 3
- 아름다운 독도와 우리 섬　**국** 2-1　**국** 4-1　**국** 5-2　**사** 4-1
- 본받아야 할 우리 예절　**국** 3-2　**도** 4-1　**바** 2-1　**바** 2-2

- 놀라운 발견, 생활의 지혜　　　국 2-1　국 2-2　사 3-1　사 5-1
- 옛사람들의 교통과 통신　　　　사 3-2　사 4-1　사 5-2
- 머리에 쏙쏙 선조들의 공부법　국 4-1　국 4-2　국 6-2　도 3-1
- 우리 국토 수놓은 식물 이야기　국 1-1　국 5-1　과 4-2　바 1-2
- 큰 부자들의 경제 이야기　　　　사 3-2　사 4-2　사 5-2　슬 2-2
- 생명의 보물 창고 우리 생태지　국 2-1　국 4-2　사 6-1　과 5-2
- 우리가 지켜야 할 천연기념물　　국 2-1　과 3-2　과 4-1　과 5-2
- 안녕, 꾸러기 친구 도깨비야　　　국 2-2　국 3-1　국 4-1　사 3-2
- 오천 년 우리 강 이야기　　　　사 3-2　사 5-1
- 교과서 속 우리 고전　　　　　　국 3-1　국 4-2　국 5-1　국 6-2
- 알쏭달쏭, 열두 가지 띠 이야기　국 3-1　사 3-2　사 5-2　사 6-1
- 빛나는 솜씨, 뛰어난 재주꾼들　　국 4-2　사 6-1　음 4　미 3, 4
- 수수께끼를 간직한 자연과 문화　국 4-1　사 5-2　바 2-2
- 천하제일 자린고비 이야기　　　　국 6-2　사 4-2　도 5　실 5
- 민족의 영웅 독립운동가　　　　　국 6-2　사 6-1　바 2-2
- 우리 조상들의 신앙생활　　　　　국 5-2　사 3-2　사 5-2　사 6-1
- 정다운 우리나라 동물 이야기　　　국 2-1　국 2-2　국 6-1　과 3-2
- 멋스러운 우리 옛 그림　　　　　　국 4-2　사 6-1　미 3, 4　미 5
- 전설 따라 팔도 명산　　　　　　　국 2-1　국 2-2
- 방방곡곡 우리 특산물　　　　　　바 2-2　사 3-1　사 3-2　사 4-1　사 6-1
- 아름다운 궁궐 이야기　　　　　　국 4-1　사 5-1　미 4　미 6
- 역사를 빛낸 여자의 힘　　　　　　사 6-1　바 2-2
- 신명 나는 우리 축제　　　　　　　사 3-1　사 4-1
- 우리가 알아야 할 북한 문화재　　사 5-2　사 6-1　바 2-2
- 봄, 여름, 가을, 겨울 24절기　　　사 5-1　사 6-1　과 6-2　슬 6-2
- 나누는 즐거움 우리 공동체　　　도 4-1　바 2-2
- 이야기가 술술 우리 신화　　　　　국 1-2　국 6-2　사 3-2　사 5-2
- 흥겨운 옛시조 우리 노래　　　　　국 6-2　사 5-2　음 3　음 6
- 조상들의 지혜, 전통 의학　　　　국 5-1　국 6-2

오십 빛깔 우리 것 우리 얘기 32
아름다운 궁궐 이야기

초판 1쇄 인쇄 | 2011년 8월 16일
초판 3쇄 발행 | 2016년 7월 25일

글쓴이 | 우리누리
그린이 | 김형연

발행인 | 이상언
제작책임 | 노재현
마케팅 | 오정일, 김동현, 김훈일, 한아름

디자인 | 조성이
인쇄 | 성전기획

발행처 | 중앙일보플러스(주)
주소 | (04517) 서울시 중구 통일로 92 에이스타워 4층
등록 | 2007년 2월 13일 제 2-4561호
판매 | (02) 6416-3917
홈페이지 | www.joongangbooks.co.kr
페이스북 | www.facebook.com/hellojbooks

ⓒ 우리누리 2011

ISBN 978-89-278-0134-4 14800
　　　978-89-278-0092-7 14800(세트)

- 이 책은 저작권법에 따라 보호받는 저작물이므로 무단 전재와 무단 복제를 금하며 이 책 내용의 전부 또는 일부를 이용하시려면 반드시 저작권자와 중앙일보플러스(주)의 서면 동의를 받아야 합니다.
- 책값은 뒤표지에 있습니다.
- 잘못된 책은 구입처에서 바꿔 드립니다.

주니어중앙은 중앙일보플러스(주)의 어린이 책 브랜드입니다.